Land und Leute

Reise-Infos von A bis Z

**Der Trail
in 12 Abschnitten**

Index

*Aussicht Bigelow Mountain, ME
(Milemarker 2.008,6)*

Grayson Highlands (Milemarker 500,0)

Band 412

OutdoorHandbuch

Robert Stapper

USA:
Appalachian Trail

USA: Appalachian Trail

Dieses OutdoorHandbuch hat 128 Seiten mit 50 farbigen Abbildungen, 13 farbigen Kartenskizzen im Maßstab 1:1.500.000 und einer farbigen, ausklappbaren Übersichtskarte. Es wurde auf chlorfrei gebleichtem, FSC®-zertifiziertem Papier gedruckt, in Deutschland klimaneutral hergestellt und transportiert und wegen der größeren Strapazierfähigkeit mit PUR-Kleber gebunden.

Dieses Buch ist im Buchhandel und in Outdoor-Läden erhältlich und kann im Internet oder direkt beim Verlag bestellt werden.

OutdoorHandbuch aus der Reihe „Der Weg ist das Ziel", Band 412

ISBN 978-3-86686-543-3   1. Auflage 2018
© BASISWISSEN FÜR DRAUSSEN, DER WEG IST DAS ZIEL und FERNWEHSCHMÖKER sind
   urheberrechtlich geschützte Reihennamen für Bücher des Conrad Stein Verlags

Text und Fotos: Robert Stapper
Karten: Heide Schwinn
Lektorat: Kerstin Becker
Layout: Alexandra Sauerland

Gesamtherstellung: gutenberg beuys feindruckerei

Dieses OutdoorHandbuch wurde konzipiert und redaktionell erstellt vom:

Conrad Stein Verlag GmbH, Kiefernstr. 6, 59514 Welver,
☎ 023 84/96 39 12, FAX 023 84/96 39 13,
✍ info@conrad-stein-verlag.de,
🖳 www.conrad-stein-verlag.de

Besuchen Sie uns bei Facebook & Instagram:

 www.facebook.com/outdoorverlag

 www.instagram.com/outdoorverlag

Titelfoto: Aussicht von Mt Garfield, NH (Milemarker 1.825,9)

Inhalt

Land und Leute

Graslandschaft in New Hampshire (Milemarker 1.750,0)

Land & Leute,
Geschichte des Appalachian Trail

Der Appalachian Trail befindet sich an der Ostküste der USA. Die über 2.000 Meilen (ca. 3.500 km) des Trails begeistern seit 1937 Wanderer aus der ganzen Welt.

Der Trail verläuft von Georgia im Süden bis nach Maine im Norden der USA. Auf dem Weg hat man die Möglichkeit, die Vielfältigkeit der Natur hautnah zu erleben. Sie sehen die unterschiedlichsten Wälder, Berge, Seen, Tiere, Flüsse und Städte. Aber nicht nur die Natur macht den Trail so besonders, sondern auch die Begegnung mit den Menschen, die man auf diesem Weg trifft.

Mit Abstand die meisten der Wanderer sind Amerikaner (allerdings sind auch die meisten Abbrecher Amerikaner). Nach persönlicher Erfahrung liegen bei den Gastnationen die Deutschen an erster Stelle, ansonsten kommen die Wanderer aus der ganzen Welt (Japan, Australien, Spanien, Schweiz, Venezuela etc.). Der Großteil der Wanderer ist männlich und die meisten sind alleine oder in Zweiergruppen unterwegs. Beim Alter kann man zwei Hauptgruppen ausmachen: diejenigen, die mit Schule/College/Universität abgeschlossen haben (18-30 Jahre), und diejenigen, die mitten im Leben stehen (40-50 Jahre). Es gibt jedoch auch Ausnahmen, sodass es auch nicht ungewöhnlich ist, wenn man jemanden im Alter von 70+ trifft.

In der Hauptwandersaison von Mitte März bis Mitte April starten im Süden des Trails an manchen Tagen bis zu 100 Wanderer. Im Mittel werden es ca. 20-50 Personen pro Tag sein. Es gibt leider keine verlässlichen Zahlen, wie viele Wanderer sich genau auf dem Weg befinden, da eine Registrierung nicht notwendig ist. Es gibt Schätzungen, dass nach den ersten 31,7 Meilen, in Neel Gap, schon ein Drittel der Starter aufgibt und es letztlich nur ein Drittel der Wanderer, die von Springer Mountain gestartet sind, schafft, den Trail zu beenden. Daher gibt es eigentlich kaum „Massen" auf dem Trail. Die einzigen Gebiete, die auch von vielen Tagestouristen besucht werden, sind die Smokey Mountains und die White Mountains. Ansonsten sind es an einem „normalen" Tag auf dem Trail in etwa 10 Wanderer, denen man über den Weg läuft.

Eine Wanderung über einen solch langen Zeitraum erfordert eine besondere Vorbereitung. Die sowohl körperlichen als auch psychischen Herausforderungen dürfen nicht unterschätzt werden. Ob nun Ausrüstung, Ernährung oder Sprache, auf dem Trail warten die unterschiedlichsten Probleme, die es zu bewältigen gilt.

Aber genau diese Herausforderungen sind es, die den Trail zu einem einzigartigen Erlebnis machen. Wer den Trail in einem Stück laufen will, darf hierfür mit fünf bis sieben Monate rechnen.

Die Planungen für den Trail begannen schon in den 20er-Jahren durch Benton MacKaye und die von ihm gegründete Appalachian Trail Conservancy (ATC). Die 2.189,1 Meilen lange Strecke (Stand 2016) wird von 31 ehrenamtlich geführten Wanderclubs jährlich neu präpariert und gepflegt. Diese Clubs werden durch die Dachorganisation ATC geführt. Wer genauere Informationen über Geschichte des Trails, Organisation und Vorbereitung sucht und allgemeine Fragen über den Trail hat, der sollte die offizielle Seite der ATC besuchen (🖥 www.appalachiantrail.org). Das meiste Informationsmaterial über den Trail liegt nur in englischer Sprache vor. Dieses Buch liefert Ihnen einen groben Überblick über die Vorbereitungen und den Trailverlauf. Jedoch ist es nicht Ziel des Buches, einen exakten Wanderführer zu ersetzen. Hierfür empfiehlt es sich, einen zusätzlichen Führer zu besitzen, in dem jede Wasserquelle, Kreuzung und Stadt eingezeichnet ist.

Reise-Infos von A bis Z

East Flagstaff Lake, ME (Milemarker 2.018,8)

An- und Abreise

Die Anreise in die USA erfolgt mit dem Flugzeug. Der günstigste Flughafen hierfür ist der Hartsfield-Jackson International Airport in Atlanta, GA. Dies ist der Flughafen mit den meisten Fluggästen weltweit, daher ist es kein Problem, eine der vielen Verbindungen zu buchen. Weitere Details zur Anreise folgen in der Wegbeschreibung.

Visum

Wer einen Thru-hike plant, der kommt um ein Visum für die USA nicht herum. Da eine komplette Durchwanderung ca. 4-8 Monate in Anspruch nimmt, wird das den 90-tägigen Aufenthalt, der durch das ESTA-Verfahren visumsfrei erlaubt ist, überschreiten. Daher sollte man sich rechtzeitig im Voraus bei der jeweiligen Botschaft erkundigen und anmelden (🖥 www.ustraveldocs.com). Sie benötigen das B-1/B-2-Besuchervisum, das in etwa € 140 kostet.

Für den Visumantrag reicht es in der Regel aus, wenn man den Appalachian Trail als Ziel nennt, genügend Geld für den Trip hat und versichert, dass man bei Ablauf des Visums wieder in sein Heimatland zurückkehrt.

Appalachian Mountain Club (AMC)

Der Appalachian Mountain Club betreibt einige Hütten entlang des Appalachen-Gebirges und bietet Aktivitäten an. Eine Mitgliedschaft (Erwachsene $ 50 jährlich, unter 30 Jahren $ 30 jährlich) vergünstigt die Aufenthalte in den vom Verein betriebenen Hütten um 20 %. Diese Hütten findet man jedoch nur selten direkt am AT und wenn, dann in der Gegend der White Mountains, in denen die Übernachtungen sehr teuer sind. Wenn man nicht mehrere Nächte pro Hütte des Vereins übernachtet, lohnt sich die Mitgliedschaft für die Zeit auf dem AT nicht.

Ausrüstung

Ein Grundsatz gilt bei der Ausrüstung: so leicht wie möglich! Hierbei empfiehlt es sich, den Großteil seiner Ausrüstung in ultraleichter Ausführung zu kaufen, denn jedes zusätzliche Gramm Gewicht macht sich bei 3.500 km Tragen bemerkbar. Da die ultraleichte Ausrüstung jedoch sehr teuer ist, sollte man sich gut überlegen, in welchen Bereichen man hier den größten Kosten-Nutzen-

Unterschied hat. Generell lässt sich vor allem bei Rucksack, Isomatte, Zelt, Schlafsack und Kleidung der größte Teil des Gewichts einsparen.

Alles in allem sind die Wege sehr gut begehbar, da es kaum Gestrüpp oder Äste gibt, die auf dem Weg liegen, weshalb z. B. eine feste, lange Wanderhose nicht zwingend notwendig ist. In den Sommermonaten eignen sich kurze, leichte Laufhosen wesentlich besser. Bei der Wahl der Wechselklamotten sollte man darauf achten, dass diese wenig wiegen, an kälteren Tagen aber trotzdem warm halten und ein Auskühlen verhindern. Bewährt hat sich hierbei vor allem Unterwäsche aus Merinowolle. Mehr als ein Set zum Wechseln sollte nicht im Rucksack mitgenommen werden, da dieses nur unnötiges Gewicht produzieren würde.

Einen dünnen Schlafsack kann man mit einem Inlet kombinieren, um bei zu warmen Temperaturen auf den Schlafsack verzichten zu können. Alternativ kann man mit zwei verschiedenen Schlafsäcken wandern, einem Sommer- und einem Winterschlafsack. Wenn ein Schlafsack nicht benötigt wird, kann man ihn einfach per Maildrop (stationsweise) von Postamt zu Postamt weiterschicken.

Beim Schuhwerk sollte man gerade zu Beginn der Wanderung auf festeres Wanderschuhwerk zurückgreifen. Wenn die festen Wanderschuhe mit der Zeit zu stark abgenutzt sind und die Sprunggelenke durch den Aufbau der Muskulatur stabil genug sind, kann man zum leichteren Sport- bzw. Wanderschuh wechseln. In der Regel verbraucht ein Thru-hiker aufgrund der hohen Belastung für Material und Sohle zwei bis drei Paar Schuhe im Laufe des Trails.

Auch bei der Wahl der Übernachtungsmöglichkeiten gibt es verschiedene Varianten. Traditionell kann man sich für das – vom Gewicht her am schwersten – Zelt entscheiden. Leichtere Möglichkeiten sind dagegen Hängematten, die sich fast in allen Bereichen des AT aufspannen lassen. Hierbei sollten Sie auf eine gute Isolierung durch Matte oder dicken Schlafsack achten. Eine zeltähnliche, aber wesentlich leichtere Konstruktion ist das Tarp. Dies lässt sich oft mit Hilfe der eigenen Wanderstöcke und einigen Heringen aufspannen. Allerdings bietet es auch nur verringerten Schutz gegen die Witterung.

Grundsätzlich ist es ratsam, mit Wanderstöcken unterwegs zu sein. Sie erleichtern wesentlich das Laufen im ebenen Gelände, sind aber auch bei Abstiegen, Flussüberquerungen oder matschigen Wegen eine große Hilfe.

Wasserdichte Regenkleidung wie z. B. Regenjacke, -hose, -schirm oder -poncho darf bei der Ausrüstung auf keinen Fall fehlen, da es während der langen Wanderzeit sicherlich einige Regentage geben wird.

Material einsparen kann man bei der Wahl des Kochers. Je nachdem, ob man warme oder kalte Speisen bevorzugt, kann man den Kocher auch daheimlassen.

Sowohl Spiritus- als auch Gaskocher eignen sich für den Trail. Hierbei sollte man sich je nach persönlicher Vorliebe für eine Art des Kochens entscheiden. Beschaffungsmöglichkeiten sowohl für Gas als auch für Spiritus sind in jeder Stadt oder jedem Hostel vorhanden. Bei Gaskartuschen sind die Drehverschlusssysteme in jedem Supermarkt in der Campingabteilung erhältlich. Leider kann es sein, dass Sie in Supermärkten nur große Kartuschen bekommen, daher empfiehlt es sich, die Kartuschen in Hostels und Outdoorshops zu kaufen.

Begriffe auf dem Trail

SOBO (South bound) = Wanderer, die im Norden starten und nach Süden laufen (egal ob Thru-, Section- oder Dayhiker).

NOBO (North bound) = Wanderer, die im Süden starten und nach Norden laufen (der größte Teil der Thru-hiker).

Shelter = Übernachtungsmöglichkeit, die ca. alle 7-10 Meilen vorhanden ist. Der Abstand kann jedoch in bestimmten Abschnitten variieren. Es besteht aus drei Wänden und einem Dach, das trocken hält, doch Wind und Mäuse nicht abschreckt. Außerdem besitzen fast alle Shelter auch ein Plumpsklo. In der Nähe der Shelter sind auch immer Campingplätze vorhanden. Mal als Plattform, mal einfach nur als ebene Fläche.

Thru-hiker = Wanderer, der den ganzen Appalachian Trail am Stück läuft (Flip flopping zählt auch dazu).

Sectionhiker = Wanderer, der nur einen Abschnitt des AT läuft (können ein paar Tage sein, aber auch mehrere Wochen/Monate).

Dayhiker = Wanderer, die nur für einen Tagesausflug auf dem AT sind.

Flip Flop = Von der ATC empfohlene Weise, einen Thru-hike zu machen, um die großen Menschenmengen an den Startpunkten der SOBOs und NOBOs zu vermeiden. Hierbei startet man an einem beliebigen Punkt des Weges. Wenn man einen Endpunkt des Trails erreicht hat, fährt oder fliegt man zu seinem Ausgangspunkt zurück und nimmt die andere Hälfte in Angriff.

Yo-yo hike = Für die extremen Wanderer: Man läuft den ganzen Trail bis zum Ende, dreht um und läuft zum Startpunkt zurück.

White blaze = Weiße Streifen, dienen als Markierung auf Bäumen, Steinen und Schildern für den AT.

Blue blaze = Blaue Streifen, die vom AT abzweigen, dienen hauptsächlich als Orientierung für Wasserquellen. In seltenen Fällen zeigen die Blue blaze eine alternative Strecke für schwer begehbare Teilabschnitte auf.

Triple crowner = Personen, die komplett den Appalachian Trail, Continental Divide Trail und den Pacific Crest Trail (beide auf der Westseite der USA) gelaufen sind.

Hitchhike = Trampen. Ist oft die einzige Möglichkeit, in eine Stadt zu gelangen, wenn der Trail diese nicht durchläuft. Auch wenn es anfangs noch etwas ungewohnt ist, machen die freundlichen Leute, die einen Wanderer immer schnell mitnehmen, so eine Fahrt oft zum Erlebnis.

Slackpacking = Man startet nur mit einem kleinen Tagesrucksack, der das Nötigste beinhaltet. Der große Wanderrucksack wird beispielsweise in einem Hostel zurückgelassen. Wenn man am Abend an der vorher festgelegten Stelle mit dem Tagesrucksack ankommt, wird man von einem Shuttlebus zurück zum Hostel gefahren.

Trailmagic = Menschen, die in der Nähe des Trails wohnen oder sich ab und zu am Trail treffen. Sie schenken den Wanderern genau das, was sie am meisten brauchen: Essen und Getränke! Die Trailmagic kann von einem einfachen Wasserkanister, der neben dem Weg steht, über eine Kühlbox mit kalten Getränken bis zu einem Grillbuffet mit Hotdogs, Burgern und Früchten reichen.

Trailangel = Diejenigen, die die Trailmagic veranstalten. Aber auch Menschen, die jemanden in die nächste Stadt zum Einkaufen mitnehmen. Oder auch mal eine Dusche und einen Schlafplatz anbieten!

Maildrop = Versand von Ausrüstung oder Lebensmitteln per Post zu einer bestimmten Adresse am Weg, um es dann dort abzuholen bzw. auch wieder weiterzuschicken. Das kostenlose Weiterschicken an Poststationen ist nur möglich, wenn man das Paket nicht annimmt, sondern einfach die nächste Adresse auf dem Paket vermerkt. Maildrop wird vor allem empfohlen, wenn man bestimmte Ausrüstungsgegenstände erst später braucht bzw. nicht mehr braucht. Sobald auf den Paketen „für AT-Wanderer" vermerkt ist, behält die Post das Paket so lange zurück, bis es abgeholt wird. Hierdurch lässt sich gut Gewicht einsparen!

Trailrunner = Freiwillige Helfer, die einen bestimmten Streckenabschnitt ablaufen, um den Wanderern mit Rat und Tat zur Seite zu stehen. Sie sind oftmals durch eine entsprechende Uniform erkennbar. Aber in den meisten Fällen sprechen sie die Wanderer einfach an, um ihnen zu helfen.

Trailranger = Angestellte der ATC, die in Informationszentren arbeiten.

Bärenkanister = Ein tragbarer Kunststoffkanister, in den man Nahrungsmittel und andere geruchsintensive Dinge packt, um sie vor den Bären zu schützen.

Essenssack = Je nach Ausrüstungsauswahl ein wasserdichter Sack, in den man Nahrungsmittel und andere geruchsintensive Dinge packt. Dieser sollte, wenn man Essen für ca. eine Woche mit sich führt, 15-20 Liter groß sein. Außerdem empfiehlt es sich, den Sack in einem recht festen Material zu kaufen, auch wenn dies zu ein wenig mehr Gewicht führt, denn man bekommt nachts des Öfteren Besuch von Mäusen und Eichhörnchen. Den Essenssack hängt man dann über einen Ast, mindestens 3,5-4,5 Meter hoch und mindestens 2,5 Meter vom Stamm entfernt. Hierbei gibt es unterschiedliche Aufhängmethoden (PCT-Methode, Marrison-Haul-Methode), die vorher ausprobiert werden sollten. Dieses Vorgehen soll die Nahrungsmittel und den schlafenden Wanderer vor allem vor Bären schützen.

Logbücher = Logbücher findet man in jedem Shelter, Hostel oder sonstigen Durchgangsstationen der Wanderer. Ein Blick in ein Logbuch lohnt sich immer, denn man findet darin nicht nur interessante Geschichten, die andere Wanderer erlebt haben, sondern auch Berichte über den Zustand des Trails. Gerade wenn z. B. SOBOs oder auch „dayhiker", die einem entgegenkommen, berichten, dass evtl. eine Wasserquelle ausgetrocknet ist, Abschnitte des Weges gefährlich sind oder ein bestimmtes Geschäft in der nächsten Stadt leider geschlossen hat, sehr nützliche Hinweise.

Campsite = Flache Stellen zum Zelt-Aufstellen. Hier sind auch Wasserquellen und häufig ein Plumpsklo in der Nähe.

Diplomatische Vertretung

Die deutsche Botschaft in den USA befindet sich in Washington, D.C., der Hauptstadt der USA. Weitere Informationen finden sich hierzu auf:
🖳 www.germany.info/Vertretung/usa/de/Startseite.html.

Einkaufen

Die Preise für Lebensmittel und Unterkünfte in den USA sind meistens steuerfrei angegeben und kosten daher beim Bezahlen in der Regel mehr als ausgeschrieben. Die Steuern variieren von Staat zu Staat. Die in der Wegbeschreibung genannten Preise für Übernachtungen sind ebenfalls ohne Steuern angegeben.

Einkaufsmöglichkeiten für Lebensmittel gibt es in jeder Stadt, aber auch an Tankstellen oder etwas größeren Imbissen am Weg. Um Wanderausrüstung zu kaufen, muss man sich in den größeren Städten nach den „Outfitter"-Läden umschauen. Ein Maildrop für Lebensmittel ist nicht notwendig, da es

Garage des White Mountain Hostels zur Aufbewahrung der Wanderausrüstung, NH (Milemarker 1.890,8)

ausreichend Einkaufsmöglichkeiten unterwegs gibt. Sollten die Lebensmittel knapp werden, gibt es auch immer die Möglichkeit, innerhalb von 24 Stunden in eine Stadt zu gelangen, auch wenn das manchmal große Umwege erfordert. Folgt man dem AT, hat man im Schnitt alle 3-6 Tage die Möglichkeit, seine Vorräte aufzufüllen. Für diese Zeit sollte man auch Lebensmittel mitnehmen, da es nur in ganz seltenen Fällen mal einen Imbiss oder ein Restaurant in der Nähe des Weges gibt.

Elektrizität

Elektrizität ist nur in den Städten bzw. in den Hostels und Restaurants vorhanden. Um dort seine elektronischen Geräte laden zu können, benötigt man einen entsprechenden Adapter für die amerikanischen Steckdosen. Wenn Sie Strom auf dem Trail brauchen, sollten Sie eine Powerbank oder ein Solarpanel mitnehmen.

Essen und Trinken

In den Städten gibt es viele Fastfood-Ketten und Restaurants. Sobald ein paar Häuser zusammenstehen, ist meist auch ein kleiner Imbiss vorhanden, der Burger, Sandwiches oder Pommes anbietet.

Für den Trail eignen sich das spezielle, aber teure Trailessen oder leichte Tütenmahlzeiten. Man sollte unbedingt vermeiden, Glas oder Dosen mitzunehmen, um Gewicht zu sparen. Bestenfalls führt man getrocknete Mahlzeiten mit sich, die nur mit heißem Wasser aufgegossen werden müssen. Hier helfen Klassiker wie z. B. Kartoffelbrei, Instantreis oder Fertignudeln. Wer ohne Kocher wandert, muss darauf achten, dass sich Lebensmittel auch bei höheren Temperaturen ein paar Tage lang halten. Hier empfiehlt es sich, z. B. Tortillafladen, Thunfisch aus der Plastiktüte oder getrocknetes Fleisch mitzunehmen. Der Trail bietet genügend Zeit zum Experimentieren, um die ideale Mahlzeit zu kreieren.

Wem das gefilterte Trinkwasser zu eintönig ist, der kann mit Trinkpulver oder Brausetabletten für Abwechslung sorgen. Diese sind in nahezu allen Supermärkten zu erhalten.

Fortbewegung abseits des Trails

Um vom AT in die nahe liegenden Städte zu kommen, ist es üblich, zu trampen („hitchhiken"). Alle Menschen, die rund um den AT leben, wissen, dass die Wanderer eine Mitfahrgelegenheit brauchen, um in den Städten zu übernachten oder Lebensmittel einzukaufen. Daher sind sie freundlich und hilfsbereit, wenn es darum geht, Wanderer mitzunehmen. Aus Sicherheitsgründen empfiehlt es sich trotzdem, nicht allein zu trampen.

Eine weitere, recht gebräuchliche Methode, um in den Staaten von A nach B zu gelangen, ist die Privat-Taxiservice-App „Uber". Diese muss man sich nur auf sein Smartphone herunterladen und kann dann mit Hilfe von Taxis, die von Privatpersonen gefahren werden, herumkommen. Eine deutlich günstigere Variante im Vergleich zu regulären Taxis. Ansonsten bieten auch viele Hostels einen Shuttleservice an, um die Wanderer von und zum Trail zu bringen.

Geld und Kosten vor Ort

Die einheitliche Währung ist der US-Dollar. Der Umrechnungskurs liegt bei etwa € 1 = $ 1,20. Über den aktuellen Kurs sollte man sich jedoch kurz vor

Reiseantritt informieren. In den USA sollte man eine Kreditkarte mit sich führen. Diese ist das gängigste Zahlungsmittel, mit dem man selbst im kleinsten Hostel bezahlen kann. Zudem gibt es viele Möglichkeiten, Bargeld an einem der vielen ATMs in den Städten abzuheben.

Grob können Sie für Ihre Wanderung mit € 1/$ 1 pro Kilometer rechnen (insgesamt also mit ca. € 3.500). Natürlich schwanken die Kosten abhängig davon, welche Übernachtungsmöglichkeiten man wählt, aber wenn man einen Stadtaufenthalt alle 4-5 Tage in einem Mehrbettzimmer in einem Hostel einplant, sollte es im Budget bleiben. Auch eventuelle neue Ausrüstungsgegenstände sind hierbei mit eingerechnet, allerdings nicht die Kosten für die Grundausrüstung, den Flug etc.

GPS-Profil des Trails

Um für Navigationsgerät oder Handy eine gute Wegführung auf dem Trail zu bekommen, kann man sich den Verlauf des Weges als GPX-Datei herunterladen (z. B. 💻 www.topofusion.com).

Eine kostenlose GPX-Datei, die man auch im Internetbrowser öffnen kann, gibt es auf der offiziellen Seite der ATC (💻 www.appalachiantrail.org).

Handy auf dem Trail

Es ist natürlich möglich, über das Mobilfunknetz ein Telefonat nach Europa zu führen, aber auch sehr teuer. Günstigere Optionen sind Apps, die mit Hilfe des Internets kommunizieren können (Skype, WhatsApp etc.). Kostenloses WLAN gibt es so gut wie überall in den Städten an der Ostküste der USA.

Da der Empfang auf dem Trail selbst nicht sehr gut ist, wird auch empfohlen, für Notfälle ein zusätzliches SOS-Gerät bei sich zu führen.

Diese Geräte funktionieren überall auf dem Trail und man sollte immer im Hinterkopf haben, dass man damit nicht nur sich selbst, sondern auch anderen Personen in Not helfen kann.

Für die Dauer des Trails empfiehlt es sich, eine amerikanische SIM-Karte zu kaufen, um damit unterwegs mobiles Netz zu haben und gegebenenfalls Reservierungen in den Hostels etc. durchzuführen. Die SIM-Karten gibt es in allen größeren Supermärkten oder Shoppingmalls zu kaufen. Man sollte darauf achten, dass die Karte eine Prepaidkarte ist.

Information

Die besten Informationszentren über den AT sind die der ATC (AFSP, Harpers Ferry, Baxter State Park). Die besten Anlaufstellen für Informationen zu Übernachtungen sind die regulären Informationszentren/Tourismusbüros in den Städten.

Klima und Reisezeit

Startet man wie der Großteil der Wanderer am Springer Mountain im Süden in der Zeit zwischen Mitte März und April, kann man in den niedriger gelegenen Teilen des Trails tagsüber mit Temperaturen von 15-20° C rechnen. In den Nächten kühlt es ein wenig ab, in der Regel aber nicht unter 10° C. In den Gebieten der Blue Mountains, im Norden von Georgia und im Süden von North Carolina muss man mit vermehrtem Regen rechnen. In den höheren Lagen, die man am Anfang des Trails passiert (Smoky Mountains), kann es aufgrund der Höhe von knapp 2.000 m auch noch Ende April Schnee geben und die Temperaturen können v. a. nachts Richtung Gefrierpunkt fallen. Nachdem man diese überquert hat, steigt die Temperatur aber von Woche zu Woche und in den Monaten Mai bis August kann man mit sommerlichen 20-30° C rechnen. In diesen Monaten ist auch kein hoher Niederschlag auf dem Trail zu erwarten. Auch wenn es im September etwas abkühlt, ist die Besteigung von Mount Katahdin, ME kein Problem und es ist noch nicht mit Schnee zu rechnen. Im Oktober können die Temperaturen dagegen schon eher fallen und vor allem können Gewitter die Besteigung verhindern. Im Allgemeinen ist zu sagen, dass der Thru-hike auf dem AT einen kompletten Jahreszeitenwechsel von Frühling bis Herbst beinhaltet und man daher für alles ausgerüstet sein sollte. Vergleichswerte zu den letzten Jahren findet man online unter 🖳 www.wunderground.com/history.

Mit Gewittern muss man gerade in den Sommermonaten Juli und August rechnen. Hierbei gilt besondere Vorsicht, wenn man sich in Bereichen oberhalb der Baumgrenze befindet. Sollte man auf dem Trail von einem Gewitter überrascht werden, ist es notwendig, die offene Ebene und wasserführende Stellen zu verlassen und sich einen möglichst niedrigen Unterschlupf zu suchen. Es bietet sich an, das Gewitter in einer der Schutzhütten auszusitzen. Sollte man es nicht rechtzeitig in eine Schutzhütte schaffen, ist es ratsam, sich hinzusetzen, die Beine anzuziehen und auf einer isolierenden, trockenen Unterlage wie dem Rucksack zu sitzen, um den Kriechströmen zu entgehen.

Wer den Trail als NOBO beginnt, der sollte sich bereits Anfang März bis Mitte April auf den Weg machen. NOBOs, die in diesem Zeitraum starten, erreichen Mount Katahdin ungefähr Mitte August bis Mitte September. Spätestens sollte man die Ankunft bis zum 15. Oktober planen. Jedoch behält sich der Baxter State Park vor, bei schlechter Witterung auch den Zugang zum Berg vorher zu schließen.

Als SOBO startet man von Juni bis Mitte Juli, um den Springer Mountain im November oder Dezember zu erreichen. Dieser hat zwar kein Schließungsdatum, jedoch kehrt auch im Süden der USA irgendwann der Winter ein.

Landkarten

Es ist nicht nötig, eine Extrakarte für den Trail mitzunehmen, da er sehr gut markiert ist und es keine unmarkierten Abzweigungen gibt. Als Orientierungsmaterial reicht z. B. der A.T. Guide (☞ Literaturtipps).

Literaturtipps

- 📖 AWOL on the Appalachian Trail, David Miller (englischsprachiges Buch), ISBN 1935597191
- ◆ Picknick mit Bären, Bill Bryson, ISBN 3442443954
- ◆ The A.T. Guide, David Miller, ISBN 978098298087, und Appalachian Trail Thru-Hiker's Companion, Robert Sylvester, ISBN 1944958010 Die beiden Bücher „The A.T. Guide" und „Appalachian Trail Thru-Hiker's Companion" erscheinen jährlich und dienen als exakte Wegführung für den Trail.
- ◆ Trekking ultraleicht, Stefan Dapprich, ISBN 9783866865518

Markierungen auf dem Trail

Der komplette AT ist sehr gut mit sogenannten White blazes gekennzeichnet. Das sind ca. 15 cm x 5 cm große weiße Streifen. Diese befinden sich ca. alle 30 Meter auf einem Baum, Stein oder Schild.

Der Weg an sich ist nicht zu übersehen. Er ist sehr gut ausgetreten und wird von anderen Wegen kaum gekreuzt. Der Trail verläuft von Süden nach Norden, wobei kurze, vereinzelte Abschnitte von der Richtung abweichen. Die einzige Möglichkeit, sich auf dem AT zu verlaufen, wäre, nach dem Aufstehen die falsche Richtung einzuschlagen.

Medizinische Versorgung

In den größeren Städten sind gute Krankenhäuser vorhanden, die leicht erreichbar sind. In größeren Supermärkten finden sich Apotheken, die bei kleineren Blessuren aushelfen können. Während der Zeit auf dem Trail sollte man eine extra Auslandskrankenversicherung abschließen, die bei eventuellen Notfällen absichert.

Notruf

In Amerika ist der Notruf 911. Dieser wird gerufen, wenn es brennt, man Zeuge eines Verbrechens wird oder den medizinischen Notdienst benötigt. Hier wird man an die Leitstelle vermittelt, die Sie an die entsprechende Stelle weiterleitet. Wer kein Englisch spricht, kann einen Übersetzer anfordern.

Post

Alle größeren Städte verfügen über ein „Post office". Hier kann man Post oder Pakete verschicken.

Radfahrer

Radfahren ist auf dem Appalachian Trail in den meisten Abschnitten verboten. Es eignen sich auch nur wenige Teile, da die Wege zu schmal sind, um Wanderer und Fahrradfahrer gleichzeitig passieren zu lassen.

Registrierung auf dem Trail

Auf dem Weg gibt es insgesamt drei offizielle Möglichkeiten, sich bei der ATC (Appalachian Trail Conservancy) zu registrieren: Amicolola Falls State Park, Harpers Ferry und Baxter State Park. Die Registrierung ermöglicht eine bessere Zuordnung bei möglichen Rettungsaktionen und zudem die Arbeit der ATC. Die ATC verfügt leider kaum über offizielle Zahlen der Trailwanderer, ob nun Thru-, Section- oder Dayhiker. Bessere Informationen unterstützen die ATC erheblich bei ihrer Arbeit und tragen dazu bei, Erhalt und Pflege des Trails und die Organisation des Trekkingtourismus zu gewährleisten.

Sprache

In den USA ist die Amtssprache Englisch.

Trail-Namen

Traditionell bekommt man auf dem Appalachian Trail einen eigenen Trail-Namen. Der Trail-Name ist auch der einzige Name, den man auf dem Trail braucht! Niemand auf dem Trail interessiert sich für den echten Namen. Man benutzt ihn, um in die Logbücher zu schreiben und man kennt sich auch gegenseitig unter keinem anderen Namen. Jeder kann sich natürlich seinen eigenen Namen geben, doch in der Regel benennen einen die Weggefährten.

Tiere auf dem Trail

Wandert man auf dem AT, kommt es zwangsläufig zu Begegnungen mit Wildtieren. Hierbei muss man unbedingt ein paar Verhaltensweisen beachten.

▷   Bären: An der Ostküste der USA finden sich nur Vertreter der Schwarzbären, die zwar kleiner sind als Braunbären, jedoch nicht unterschätzt werden sollten. In der Regel fürchten sich die Tiere vor den Menschen. In Gebieten wie dem Shenandoah National Park, New Jersey oder New York gibt es jedoch eine hohe Population und die Bären sind dort weniger menschenscheu. Daher sollte man auf jeden Fall damit rechnen, ein paar Bären auf dem Weg zu begegnen. Bei einer Begegnung ist es wichtig, sich ruhig zu verhalten und den Bären nicht zu provozieren oder in die Enge zu treiben. Sollte der Bär Anstalten machen, auf die Menschen zuzukommen, muss man sich möglichst groß und Lärm machen, bis der Bär verschwunden ist. Leider gibt es immer wieder Leute, die versuchen, Bären zu füttern oder Futter auszulegen, was zu Unglücken führen kann. Um nächtliche Besuche von Bären zu vermeiden, ist es dringend notwendig, sich an die Vorschriften mit Bärenkanister und Bärensack zu halten (☞ Begriffe auf dem Trail).

▷   Schlangen: Auf dem Trail kann man gerade an warmen Tagen auf die eine oder andere Schlange treffen. Die häufigste ist hierbei die Schwarznatter, die zwar recht lang, aber für Menschen völlig ungefährlich ist. Auf zwei andere Schlangenarten muss man deutlich mehr aufpassen: Die östliche Waldklapperschlange (engl.: *eastern timber snake*) und die Mokassinschlange (engl.: *copperhead*) sind für den Menschen sehr gefährlich. Jedoch vermeiden diese Schlangen die Menschen die meiste Zeit. Falls man doch einer Schlange über den Weg läuft, sollte man sie nicht reizen und sie umgehen, damit man nicht Gefahr läuft, gebissen zu werden. Des Weiteren sollte man auch entgegenkommende Wanderer vorwarnen.

▷   Zecken: Die gefährlichsten Tiere auf dem Trail sind jedoch viel kleiner als Bären oder Schlangen: Die größte Gefahr geht von Zecken aus. Diese übertragen unter anderem Borreliose, die schwerwiegende Folgen nach sich ziehen kann. Daher ist es dringend notwendig, sich nach einem Tag in den Wäldern und Wiesen nach Zecken abzusuchen. Verdächtige Rötungen müssen beobachtet werden (am besten mit einem Kugelschreiber einen Kreis am Rand der Rötung ziehen und schauen, ob sich der Radius vergrößert) und sind bei Verschlimmerung dringend vom Arzt zu behandeln!

Übernachtungen auf dem Trail

Unterwegs kann an beliebigen Plätzen gezeltet werden. Verboten ist das Campen nur auf den vereinzelten Privatgrundstücken, die man auch nur für kurze Zeit durchqueren muss. Ansonsten reicht eine flache Fläche, auf der man sein Zelt aufstellen kann, bzw. zwei Bäume, zwischen denen man seine Hängematte befestigt. Optimalerweise befindet sich eine Wasserquelle in der Nähe.

Alternativ zu Zelt oder Hängematte bieten sich die Shelter zum Übernachten an. Jedoch sollte man sich nicht darauf verlassen, dass man immer einen Platz im Shelter bekommt. Für den Fall, dass ein Shelter belegt ist, sollte man immer auf Zelt/Hängematte zurückgreifen können.

Für Übernachtungen in Hotels/Hostels empfehlen sich Reservierungen, die man per Handy mit einer amerikanischen SIM-Karte ein bis zwei Tage vorab tätigen kann. Erwähnen Sie ruhig, dass Sie den AT (Appalachian Trail) wandern, da viele Hotels/Hostels besondere Angebote für Wanderer anbieten.

In aller Regel haben Sie auf dem Trail etwa alle 2 Tage die Möglichkeit, Ihr Zelt gegen ein Bett in einem Hostel oder Hotel einzutauschen. Die Unterkünfte am Weg werden im Routenteil jeweils genannt. In der Wegbeschreibung steht der Begriff Übernachtungsmöglichkeit für Hotels/Hostels oder Jugendherbergen. Auf dem Trail bieten sich darüber hinaus stets vielfältige Möglichkeiten, sein Zelt/Hängematte aufzuschlagen und das Erlebnis Natur zu genießen.

Zeltwiese während der Traildays in Damascus, VA
(Milemarker 468,5)

Übernachtungen in Städten

Die Hotel- oder Hostel-Empfehlungen, die in den jeweiligen Trail-Abschnitten aufgeführt sind, stellen gerade in größeren Städten nur eine kleine Auswahl dar. In den wenig besiedelten Gebieten sind sie dagegen meist die einzige Möglichkeit, eine Übernachtung abseits des Trails zu finden.

Manche der vorgeschlagenen Hotels gehören zu einer größeren Kette. Hierbei sind keine spezifischen Homepages angeführt, da man die Hotels problemlos über Hotelsuchseiten im Internet findet. Die preislichen Unterschiede der verschiedenen Anbieter sollten beachtet werden.

Üblicherweise werden Reservierungen per Internet über die Websites oder per Telefonanruf getätigt. Auch hier lohnt sich immer, beide Varianten auszuprobieren, um einen möglichen Hikerdiscount zu bekommen.

Updates

Der Conrad Stein Verlag veröffentlicht Updates zu diesem Wanderführer, die direkt vom Autor oder von den Lesern des Buches stammen. Sie finden diese auf der Verlagshomepage 💻 www.conrad-stein-verlag.de. Der abgebildete QR-Code führt Sie direkt dorthin.

Wandern mit Hund

In den Smoky Mountains sind Hunde strikt verboten (nähere Informationen ☞ 2. Abschnitt: Fontana Dam, NC – Erwin, TN). Ansonsten sind Hunde nur noch im Baxter State Park verboten, wobei sich das nur auf die letzten 15 Meilen bezieht. In allen anderen Trailabschnitten dürfen Hunde mitwandern, jedoch gibt es Abschnitte – v. a. in den White Mountains – mit steilen An- und Abstiegen, die gerade für kleinere Hunde schwierig alleine zu bewältigen sind. Aus persönlicher Erfahrung auf dem Trail ist zu sagen, dass, je weiter man auf dem Trail nach Norden kam, immer weniger Hunde auf dem Trail zu sehen waren. Will man den AT mit einem Hund bewandern, muss man sich deutlich im Klaren sein, was der Hund auch in steinigeren und steileren Trailabschnitten leisten kann.

Viele Hotels/Hostels bieten oft nur gegen einen kleinen Aufpreis Übernachtungsmöglichkeiten für Tiere bzw. Hunde an. Genauere Informationen finden Sie bei den Auflistungen der Unterkünfte. Da es noch etliche Übernachtungsmöglichkeiten gibt, die nicht in diesem Buch aufgeführt sind, ergeben sich weitere tierfreundliche Schlafplätze.

Damit ein Hund in die USA einreisen darf, muss die letzte Tollwutimpfung nachweisbar und mindestens 30 Tage vorher, aber auch nicht länger als 12 Monate vorher durchgeführt worden sein. Der Gesundheitszustand des Hundes wird dann zusätzlich in den USA am Flughafen überprüft, wobei der Halter hierfür die Kosten trägt. Bei Bestehen des Gesundheitschecks steht der Einreise nichts mehr im Weg (weitere Informationen unter 💻 www.einreiseusa.net).

Generell muss man sich bei seiner Fluggesellschaft vorher erkundigen, ob eine Mitnahme des Hundes im Flugzeug möglich ist. Ob er in der Kabine transportiert werden darf oder im Frachtraum untergebracht wird, hängt von der Größe des Tieres ab. Da jede Fluggesellschaft eigene Richtlinien und Vorgaben für den Transport hat, sollte man sich rechtzeitig über die korrekten Abläufe und Anmeldefristen informieren

Wasser auf dem Trail

Glücklicherweise gibt es auf dem AT sehr vielfältige Wasserquellen. Täglich passiert man einige Quellen! Im südlichen Teil des Trails fließen kleine Bäche und Quellen, im Norden hingegen trifft man auf größere Flüsse und Seen. Einschränkungen beim Wasserangebot gibt es nur in den Staaten New York und New Jersey, dort muss man darauf achten, sich die Streckenabschnitte gut einzuteilen.

Da man das Wasser direkt aus den natürlichen Quellen trinkt, sind Wasserfilter unverzichtbar. Wie das Wasser behandelt wird, ob mit Tabletten, Tropfen, Pumpe, Gravity-Filter oder UV-Licht, ist jedem selbst überlassen. Die jeweils ausgewählte Methode sollte aber vor Antritt der Wanderung erprobt werden! Auf lange Sicht haben sich vor allem Wasserfilter mit gedrücktem Wassersack und Gravity-Filter, bewährt. Bei einer Entscheidung für einen Wasserfilter sollte man sich für den mit dem höchsten Durchlaufvolumen entscheiden.

Zeit

Die gesamte Ostküste der USA befindet sich in der Zeitzone GMT – 5 Stunden. Das bedeutet, dass im Vergleich zu Deutschland die meiste Zeit des Jahres sechs Stunden Zeitdifferenz herrschen. Auch in den USA gibt es eine Sommerzeit. Sie beginnt am zweiten Sonntag im März und endet am ersten Sonntag im November.

Zoll

Wer in die USA reist, darf keine frischen Lebensmittel aus Tiererzeugnissen, Pflanzen, Samen und Milch mit sich führen. Die mitgebrachte Summe an Bargeld darf $ 10.000 nicht übersteigen. Die ärztliche Bescheinigung darüber, dass eingeführte Haustiere vorher untersucht und geimpft wurden, muss der Besitzer vorlegen. Bei den Medikamenten sollten die Beipackzettel und evtl. die ärztliche Bescheinigung beiliegen. Alkohol darf man erst ab einem Alter von 21 Jahren einführen. Für weitere Informationen: 🖥 www.zoll.de.

Der Trail in
12 Abschnitten

Weg entlang der Spitze von Max Patch (Mile-marker 253,0)

Dieses Outdoor Handbuch kann in keinem Fall einen Appalachian-Trail-Führer ersetzen! Empfohlen wird der „A.T. Guide" von David Miller, der von den meisten Wanderern genutzt wird.

Um sich der Einfachheit halber besser am A.T. Guide zu orientieren, werden die Distanzangaben zum Großteil in Meilen angegeben (1 Meile = ca. 1,61 Kilometer)!

Etappe 1:
Springer Mountain, GA – Fontana Dam, NC

Die Anreise zum Trail erfolgt per Flugzeug nach Atlanta, GA.

TIPP: Von Deutschland aus sind Verbindungen über New York City meistens günstiger als ein Direktflug nach Atlanta. Wer also ein paar zusätzliche Tage Zeit mitbringt, kann auf dem Weg zum Trail noch ein bisschen die Weltstadt New York City genießen. Aber auch diejenigen, die direkt auf den Trail gehen und ihn komplett laufen, haben nach 1.400 Meilen die Chance, in einer Stunde nach Manhattan zu gelangen (☞ Etappe 7).

Startmarkierung des ATs auf dem Springer Mountain

Wenn man nicht die Möglichkeit nutzt, sich mit einem Shuttledienst eines Hostels von Atlanta, GA bzw. von der MARTA-Zugstation im Norden Atlantas, GA abholen zu lassen, ist das Auto die einzige Möglichkeit, von dort aus zum Startpunkt des Trails zu gelangen. Von der MARTA North Springs Station im Norden Atlantas, GA sind es noch ca. 55 Meilen bis zum Trailanfang. Die Taxikosten belaufen sich hierbei auf ca. $ 120 (Taxiservices Atlanta, ☎ (+1)40 43 51 11 11, 🖳 www.atlantacheckercab.com). Mit anderen öffentlichen Verkehrsmitteln gibt es leider keine günstigen Verbindungen.

Sie können im Barefoot Hills Hotel, das auch einen Shuttleservice von der MARTA Station anbietet, übernachten und von dort zum Amicalola Falls State Park (AFSP) bzw. Springer Mountain fahren.

🛏   Barefoot Hills Hotel, 7693 Hwy 19N, Dahlonega, GA 30533, ☎ (+1)47 07 88 80 43, 🖳 www.barefoothills.com, ✉ info@barefoothills.com, $ 210 p. P. für „Thru-hiker special", Schlafsaal $ 19, Milemarker 0,0, Trail nur mit Shuttle erreichbar. Das „Thru-hiker special" enthält einen Shuttleservice von der North Springs MARTA Station oder von Gainesville, GA, die Übernachtung inkl. Frühstück, Petrolium für die ersten Tage sowie ein Shuttle zum Springer Mountain bzw. dem AFSP. Maildrop ist möglich.

Vorräte lassen sich gut auf dem Weg zum Startpunkt in etlichen Supermärkten kaufen, die man passiert. Je nachdem ob man den Trail am Springer Mountain oder schon am AFSP mit dem „Approach Trail" (8,8 Meilen) beginnt, braucht man einen Tag länger.

⮑   164,7 Meilen/265 km
      + evtl. 8,8 Meilen/14,2 km für den Approach Trail
⧗   ca. 13-16 Tage
⇧   518-1.657 m
↑↓   14.106 m/14.728 m

Dieser Abschnitt bietet einen wunderschönen Einblick in die Berglandschaft der Blue Ridge Mountains in Georgia und North Carolina, mit ersten tollen Aussichtspunkten wie dem Blood Mountain, Standing Indian Mountain oder dem Siler Bald. Der Trail führt fast ausschließlich über Bergspitzen und durch Täler. Daher ist dieser Abschnitt körperlich sehr anstrengend, da viele Höhenmeter überwunden werden müssen.

Den Amicalola Falls State Park erreicht man im Idealfall mit einem der Shuttledienste, die von mehreren Hostels angeboten werden. Dies sollte im Voraus gebucht werden. Das Besucherzentrum bietet die Möglichkeit, letzte Informationen über den Trail allgemein und den bevorstehenden Streckenabschnitt einzuholen. Auch sind die Ranger am Informationszentrum gerne bereit, Fragen zur Ausrüstung, Verpflegung usw. zu beantworten. Es wird empfohlen, sich hier bei der ATC (Appalachian Trail Conservancy) zu registrieren.

Wer sich nun auf den „Approach Trail", den Zugangsweg zum AT, begibt, durchquert zuerst den bekannten Torbogen des ATs (u. a. aus „Picknick mit Bären"), der immer zu einem Starterfoto einlädt. Sobald man den Torbogen hinter sich gelassen hat, geht es nun 604 Stufen neben den Wasserfällen hinauf. Die Wasserfälle bilden ein sehr schönes Fotomotiv und sind für die nächste Zeit auch die letzten Wasserfälle am Weg.

Nach den Wasserfällen sind es dann noch 7,5 Meilen bis zum Springer Mountain. Hier beginnt die Meilenzählung des AT. Auf dem Gipfel des Berges befindet sich eine Bodenplatte, die den Startpunkt für die „Northbounder" (NOBOs) bzw. den Zielpunkt für die „Southbounder" (SOBOs) signalisiert. Von hier aus hat man einen wunderbaren Ausblick auf die Blue Ridge Mountains, an deren südlichem Ende der Springer Mountain liegt.

Sie finden hier auch das erste von vielen Logbüchern, in das man sich eintragen kann. Auf dem Springer Mountain darf man natürlich auch nicht verpassen, ein Startfoto zu schießen, das man dann am Ende mit dem Zielfoto am Mount Katahdin vergleichen kann. Für wen die erste Tagesetappe hier zu Ende ist, der kann es sich im ersten Shelter auf dem Trail, dem Springer Mountain Shelter, gemütlich machen.

Vom Springer Mountain führt der Weg nun durch den Wald über mehrere kleinere Erhebungen bis nach Woody Gap (Milemarker 20,8). Das „Woody Gap outfitters" ist das erste Ausrüstungsgeschäft am Trail. Man findet es 0,5 Meilen westlich vom Trail. Hier kann man bei „Sir Packs-alot" (ein Triple crowner) alles einkaufen, was das Thru-hiker-Herz begehrt. Man sollte sich, wann immer möglich, Ratschläge von ehemaligen Thru-hikern oder bestenfalls sogar Triple crownern holen! Der Shop ist nur von März bis Juni offen, also in der Zeit, in der die meisten NOBOs starten. Wen es hier auch schon wieder nach einem richtigen Bett und einer Dusche verlangt, der kann mit dem täglichen (nur vom 24. Februar bis zum 20. April) kostenlosen Shuttleservice des ☞ Barefoot Hills Hostels um 17:00 ein Zimmer im Hostel beziehen.

Wenn man im Zeitraum vom 1. März bis 1. Juni zwischen Jarrard Gap (Milemarker 26,7) und Neel Gap (Milemarker 31,7) übernachten will, muss man einen Bärenkanister mit sich führen! Auf dem Rest des Weges ist dies nicht verpflichtend. Hier reicht es immer aus, wenn man einen Essenssack mit allen Lebensmitteln und geruchsintensiven Dingen packt und über einen Ast auf einen Baum hängt. Wer sich den Bärenkanister sparen will, plant seine Übernachtung entsprechend außerhalb dieses Bereiches.

Direkt nach der Jarrard Gap kommt man auch schon zum ersten anstrengenden Aufstieg (ca. 370 Höhenmeter) auf den Blood Mountain. Oben angekommen werden Sie von einer sehr schönen Aussicht und einem steinernem Shelter im Berghüttenlook empfangen.

Nach dem Abstieg vom Blood Mountain läuft man direkt in der Neel Gap, in der sich Mountain Crossings befindet (Milemarker 31,7). Mountain Crossings (12471 Gainesville Hwy, Blairsville, GA 30512, ☎ (+1)70 67 45 60 95, 🖳 www.mountaincrossings.com, ✉ info@mountaincrossings.com, 🕙 Mo-Do 8:30-17:00, Fr-So 8:30-18:00) ist das erste Ausrüstungsgeschäft für Wanderer direkt auf dem Trail! Hier kann man auf einen kostenlosen Ausrüstungscheck zugreifen. Jeder der Mitarbeiter in diesem Shop ist den AT schon bereits selbst

Aussicht vom Levelland Mountain, GA

gelaufen und weiß genau, welche Dinge man braucht und welche einfach über-
flüssig und zu schwer sind. Natürlich kann man sich dann auch gleich im Shop
mit ultraleichter Ausrüstung eindecken (leider leicht überteuert). Aber auch wenn
man mit seiner Ausrüstung zufrieden ist, lädt das Mountain Crossings zu einem
kurzen Stopp ein. Man kann sich von einem kleinen Snack bis zur Fertigpizza ein
nettes Mittagessen gönnen oder es sich in den Blood Mountain Cabins für eine
Nacht gemütlich machen.

🛏   Blood Mountain Cabins, 12829 Highway U.S. Hwy 19 & 129, Neels Gap, Blairsville,
     GA 30512, ☎ (+1)70 67 45 94 54, 🖥 www.bloodmountain.com,
     ✉ office@bloodmountain.com, $ 79 für die komplette Hütte, Milemarker 31,7
     (0,3 Meilen östlich). Die Hütte bietet Platz für bis zu 4 Personen. Kostenlose Möglich-
     keit zum Waschen und Wi-Fi vorhanden.

Die Beschaffenheit des Trails bis zur Unicoi Gap, in der man die Möglichkeit
hat, nach Helen, GA (9 Meilen östlich) oder nach Hiawassee, GA (12 Meilen
westlich) (Milemarker 52,9) zu gelangen, macht es relativ einfach, ihn zu bewandern. Wie zum Großteil in den südlichen Staaten verläuft der Trail auf einem
Waldweg, der ab und zu von ein paar Wurzeln gesäumt ist, aber sehr gut zu

begehen ist. Auch von den Höhenmetern muss man in diesem Abschnitt keine großen Herausforderungen bewältigen.

In der Unicoi Gap hat man die Möglichkeit, per Trampen nach Helen oder Hiawassee zu gelangen. Hier gibt es jeweils ein großes Angebot an Essens- und Übernachtungsmöglichkeiten. Eine Besonderheit an Helen, GA ist außerdem, dass die ganze Ortschaft im Stil eines bayerischen Dorfes aufgebaut ist. So findet man beispielsweise neben alpinen Shops und Fachwerkhäusern auch jedes Jahr im Frühling ein Bierfest! Da die Haupteinnahmequelle des Dorfes der Tourismus ist, ist alles kommerziell ausgelegt. Trotzdem kann man sich bei Schnitzel und Bier Deutschland ein wenig näher fühlen.

- 🛏 Best Western Hotel, 8220 South Main St, Helen, GA 30545, ☎ (+1)70 68 78 21 11, $ 50 p.P + $ 5 für jede weitere Person (bis zu 4), Milemarker 52,9 (9 Meilen östlich). Das Angebot für Wanderer ist nur vom 15. März bis zum 30. April gültig. Frühstück und Wi-Fi inklusive.
- ◆ Super 8 Motel, 8396 South Main St, Helen, GA 30545, ☎ (+1)70 68 78 21 91, $ 49 für bis zu 2 Personen, Milemarker 52,9 (9 Meilen östlich). Spezial-Angebot für Wanderer. Kostenloses Wi-Fi vorhanden.
- ◆ Budget Inn, 193 South Main Street, Hiawassee, GA 30546, ☎ (+1)70 68 96 41 21, 🖥 www.hiawasseebudgetinn.com, ✍ hiawasseeinn@yahoo.com, $ 39,99 p. P. + $ 5 für jede weitere Person, Milemarker 52,9 (12 Meilen westlich). Spezial-Angebot für Wanderer. Kostenlose Shuttles von Unicoi & Dicks Creek Gap von März bis April. Kostenloses Wi-Fi vorhanden. Maildrop ist möglich.

Sobald Sie die Unicoi Gap verlassen, erwartet Sie sowohl der Anstieg auf den Rocky Mountain (ca. 330 Höhenmeter) als auch der auf den Tray Mountain (ca. 400 Höhenmeter). Auch wenn man bei beiden Anstiegen sehr gut ins Schwitzen kommt, wird man jeweils mit einer herrlichen Aussicht über die Blue Ridge Mountains belohnt. Im Anschluss an die beiden Berge müssen Sie sich allerdings auf ein ständiges Auf und Ab einstellen, bis Sie dann Dicks Creek Gap (0,5 Meilen westlich) (Milemarker 69,6) erreichen. Das Top of Georgia Hostel & Hiking Center (0,5 Meilen westlich) bietet Möglichkeiten zum Lebensmitteleinkauf, Übernachtungsmöglichkeiten und Slackpacking. Außerdem können Sie von der Dicks Creek Gap nach 👉 Hiawassee, GA trampen.

- 🛏 Top of Georgia Hostel, 7675 Hwy 76 East, Hiawassee, GA 30546, ☎ (+1)70 69 82 32 52, 🖥 www.topofgeorgiahostel.com, ✍ bob@TopOfGeorgiaHostel.com,

Schlafsaal $ 25 p. P., Zelten $ 12 p. P., private Hütte $ 65, Milemarker 69,9 (0,5 Meilen westlich). Frühstück und Wi-Fi inklusive. Kostenlose Shuttles von Unicoi & Dicks Creek Gap und in die Stadt Hiawassee vom 15. Februar bis 16. Mai. Kostenloses AT-Seminar „11 Schlüssel für einen erfolgreichen Thru-hike". Maildrop ist möglich.

Auch auf den letzten 10 Meilen in Georgia wird das stetige Auf und Ab auf den vielen Hügeln nicht weniger. Die erste Staatsgrenze überqueren Sie ganz unspektakulär. Die Grenze Georgia/North Carolina (Milemarker 78,5) befindet sich mitten im Wald und wird nur durch ein kleines, hölzernes Schild an einem Baum gekennzeichnet. Nun liegt der erste von 14 Staaten hinter Ihnen!

Ab hier beginnt ein längerer Anstieg (mit anhaltendem Auf und Ab) bis fast auf die Spitze des Standing Indian Mountains (1.657 m). Die Spitze (1.676 m) liegt auf einem Nebenweg, der ca. 150 m lang vom Trail wegführt. Dies ist der höchste Punkt für diesen ersten Etappenabschnitt. Schon der Anstieg wird durch eine Vielzahl an Rhododendren am Wegesrand verschönert. Zusätzlich bietet dieser Berg aber auch einen wundervollen Ausblick auf die südliche Nantahala Wildernis. Der Nantahala National Forest ist der größte Nationalpark in North Carolina und umgibt den Trail nun bis zu den angrenzenden Smoky Mountains. Nantahal bedeutet in der Sprache der Cherokee „Land der Mittagssonne".

Nach einem sehr humanen Abstieg und ein paar kleineren Hügeln zwischendurch erfolgt der Anstieg zum Albert Mountain (Milemarker 100,1). Die letzten 0,3 Meilen bis zum Gipfel haben es noch einmal in sich. Hier muss man sich an den steilsten Abschnitten an Steinen hinaufziehen und steile Stufen überwinden. Dafür kann man auf dem Gipfel auf die Treppen eines alten Feuerwachturms steigen und dort die Aussicht genießen und die ersten 100 Meilen erst einmal sacken lassen.

Nach einem erneut sehr angenehm lang gezogenem Abstieg und der Überwindung eines Hügels gelangen Sie in die Winding Stair Gap (Milemarker 109,8). Franklin, NC (10 Meilen östlich) bietet diverse Übernachtungsmöglichkeiten und hat auch mehrere Ausrüstungsgeschäfte, die exzellent auf die Bedürfnisse der Wanderer eingehen. Sehr zu empfehlen ist hier der Ausrüster Outdoor 76 (35 East Main Street, Franklin, North Carolina 28734, ☎ (+1)82 83 49 76 76, 🖥 www.outdoor76.com, ✉ info@outdoor76.com, 🕐 Mo-Sa 10:00-19:00), der speziell auf Thru-hiker ausgelegt ist und auch sehr gut bei eventuellen körperlichen Beschwerden (Schuh sitzt nicht perfekt, Rücken/Schulter schmerzen …) berät. Als zusätzliches Plus befindet sich direkt im hinteren Bereich des Ladens eine kleine Sportsbar. Es ist relativ einfach, von der Winding

Stair Gap nach Franklin zu kommen, da verschiedene Hostels Shuttleservices anbieten und zusätzlich ein Shuttlebus von Macon Transit (15. Februar bis 27. Mai für $ 3 p. P.) fährt.

Mahlzeit in einem Restaurant in Franklin, NC

- Baltimore Jack's Place, 7 Derby Street, Franklin, NC 28734, ☎ (+1)82 85 24 20 64, 🖥 www.baltimorejacksplace.com, ✉ tiamalle@aol.com, Mehrbettzimmer für $ 20 p. P. Münzwaschmaschinen sind vorhanden. Ein Fahrradverleih für $ 12 pro Tag steht zur Verfügung. Nebenan befindet sich ein Geschäft, wo Sie Ihre Vorräte auffüllen können. Im März und April gibt es einen kostenlosen Shuttleservice für Gäste von Winding Stair, Rock und Wallace Gap und zurück.
- Gooder Grove AT & Adventure Hostel, 130 Hayes Circle, Franklin, NC 28734, ☎ (+1)82 83 32 02 28, Schlafsaal $ 23 p. P., private Zimmer $ 43, Zelten $ 13, Milemarker 109,8 (10 Meilen östlich). Wenn man den Macon Transit Shuttle für $ 3 benutzt, um nach Franklin zu kommen, wird dies vom Übernachtungspreis abgezogen. Kostenloses Wi-Fi vorhanden. Hostelshuttles sind verfügbar. Maildrop möglich.

Direkt aus der Winding Stair Gap führt ein gemächlicher Anstieg den Siler Bald hinauf. Auch wenn der Trail nicht über die Spitze führt, sollte man sich die

Aussicht mit Autor vom Siler Bald, NC

Zeit nehmen, die 0,2 Meilen extra hinaufzugehen, denn hier wird man von einer atemberaubenden 360°-Aussicht überwältigt. Über zwei weitere Hügel geht es nun bis zu einem geteerten Weg, der bis zur Spitze von Wayah Bald (Milemarker 119,9) führt, auf dem ein steinerner Aussichtsturm steht. Dieser Ort bietet sich optimal für eine Pause und zum Genuss der Aussicht an.

Auf dem Weg zum Nantahala Outdoor Center (NOC) (Milemarker 137,3) gibt es mehrere Möglichkeiten, die Aussicht zu genießen, bei verhältnismäßig wenig Anstieg. Unter anderem liegt hier auch ein alter Feuerüberwachungsturm auf dem Wesser Bald. Vom Wesser Bald geht es nun knapp 900 Höhenmeter nach unten in das Tal, in dem das NOC (🖥 www.noc.com) liegt. Der Trail führt zwischen ein paar Gebäudekomplexen des NOC hindurch. ☺ Hier sind ein Lebensmittelladen, Ausrüstungsgeschäft, Übernachtungsmöglichkeiten und Restaurant vorhanden.

Für diejenigen, die planen, durch die Smoky Mountains weiterzulaufen, gibt es hier die Möglichkeit, im Ausrüstungsgeschäft eine Genehmigung (☞ 2. Etappe) dafür auszudrucken.

🖙 NOC, 13077 Highway 19 West, Bryson City, NC 28713, ☎ (+1)88 89 05 72 38, 🖥 www.noc.com, Schlafsaal $ 39,99/2 Personen, $ 79,99/4, $ 109,99/6, $ 139,99/ 8, Milemarker 137,3. Kostenloses Wi-Fi vorhanden. Maildrop ist im Ausrüstungsgeschäft möglich. Für Besucher, die hier nicht übernachten, gibt es Münzduschen.

Wenn Sie die Möglichkeit zur Pause und Stärkung genutzt haben, überqueren Sie den Nantahala River und nehmen die 1.000 Höhenmeter auf der anderen Flussseite in Angriff.

Nach der Überquerung mehrerer Hügel kommen Sie in das Tal des Fontana Lakes. Das Fontana Dam Shelter („Fontana Hilton") (Milemarker 165,9) gilt als eines der luxuriösesten Shelter auf dem Weg. Es sind kostenlose warme Duschen und Stromanschlüsse gleich neben dem Shelter vorhanden. Um nach Fontana Dam (2 Meilen westlich) (Milemarker 164,7) zu gelangen, fahren Sie vom Fontana Dam mit Shelter Shuttles (15. Februar bis 15. Mai, $ 3 p. P.) auf Abruf (☎ (+1)82 84 98 22 11) nach Fontana Dam, wo Sie Lebensmittel einkaufen können und einige Übernachtungsmöglichkeiten finden.

🛏   Fontana Lodge, 300 Woods Road, Fontana Dam, NC 28733, ☎ (+1)80 08 49 22 58 oder (+1)82 84 98 22 11, $ 69 für bis zu 4 Personen, Milemarker 164,7 (2 Meilen westlich). Spezial-Angebot für Wanderer. Kostenloses Wi-Fi vorhanden. Maildrop ist möglich. Die Genehmigung für die Smoky Mountains kann hier ausgedruckt werden.

Damit haben Sie den ersten Abschnitt des AT erfolgreich bewältigt! Wenn Sie nur diesen Abschnitt als Sektion laufen wollen, gibt es die Möglichkeit, von Fontana Dam mit Shuttles oder Taxi (ca. $ 120 für bis zu 3 Personen) in die nächstgrößere Stadt Knoxville zu gelangen, von wo aus man mit dem Flugzeug abreisen kann. Mehrere Shuttleanbieter findet man auf 💻 www.smokiesadventure.com. Diese Shuttleanbieter versorgen auch den kompletten zweiten Streckenabschnitt in diesem Buch.

Etappe 2: Fontana Dam, NC – Erwin, TN

➲   177,7 Meilen/286 km
⧗   ca. 2 Wochen
⇧   404-2.032 m
↑ ↓ 14.850 m/14.886 m

Der Abschnitt durch die Smoky Mountains eignet sich auch sehr gut für einen kürzeren Wandertrip. Wer ca. 7 Tage Zeit mitbringt, kann auf den leicht begehbaren Wegen die herrliche Landschaft genießen. Auch halten sich innerhalb der Smokys die Anstiege sehr in Grenzen, da man die meiste Zeit auf den

*Bergkämmen entlangläuft. Im weiteren Verlauf führt der Trail genau an der Grenz-
linie der beiden Staaten North Carolina und Tennessee entlang. Deshalb wechselt
man hier oft unwissentlich zwischen den beiden Staaten hin und her.*

Wer die 70 Meilen durch die Smoky Mountains (☎ (+1)86 54 36 12 97,
🖥 www.nps.gov/grsm) laufen will, muss hierfür vorher eine Genehmigung aus
dem Internet ausdrucken. Dies ist im NOC oder in Fontana Dam möglich, wo in
Ausrüstungsgeschäften oder im Besucherzentrum PC und Drucker stehen. Die
Genehmigung kann man auf zwei unterschiedliche Arten holen: Entweder man
zahlt $ 4 pro Übernachtung in den Smokys oder man zahlt $ 20 für eine Pau-
schale, die für maximal 8 Übernachtungen gilt. Gezahlt wird üblicherweise online
per Kreditkarte. Diese Genehmigung kann maximal 30 Tage im Voraus gedruckt
werden. Ohne Genehmigung wird eine Strafe von $ 125 fällig, die von streng
kontrollierenden Parkrangern verteilt wird.

Ein großer Nachteil an den Vorschriften in den Smoky Mountains ist, dass
keine Tiere im Park erlaubt sind. Wer also mit Hund auf dem Trail unterwegs ist,
muss die Smokys komplett auslassen oder nutzt einen der Hundeshuttles. Bei

diesen wird der Hund in Fontana Dam abgeholt, bleibt in einer Hundepension und wird am Ende der Smokys in der Davenport Gap zurückgebracht.

Ein Anbieter wäre ⇆ Loving Care Kennels (3779 Tinker Hollow Rd, Pigeon Forge, TN 37863, ☎ (+1)86 54 53 20 28, ▢ www.lovingcarekennels.com, ✉ Lida@lovingcarekennels.net, $ 350 für einen Hund, $ 500 für zwei Hunde).

Eine weitere Besonderheit ist der Übernachtungsort in den Smokys. Wo sonst überall auf dem Trail Wildcampen erlaubt ist, muss man hier in den Sheltern übernachten. Falls diese voll sein sollten, was zu Stoßzeiten häufig vorkommt, muss man sein Zelt/Hängematte in der Nähe der Shelter aufstellen. Grund hierfür sind unter anderem die mehr als 1.500 Bären, die in diesem Nationalpark leben.

Auf dem Weg in die Smoky Mountains überquert man direkt nach dem Verlassen von Fontana Dam den namensgebenden Damm.

Der Damm wurde in den frühen 1940ern gebaut und ist mit 150 m der höchste östlich der Rocky Mountains. Er bildet gleichzeitig den 17 Meilen langen Fontana Lake.

Auf der anderen Seite des Dammes beginnt nun der Anstieg (600 Höhenmeter) auf den ersten Berg der Smokys, den Shuckstack. Am Beginn des Anstiegs befindet sich eine Box, in die man die ausgedruckte Genehmigung einwirft. Oben angekommen lohnt es sich, die 0,1 Meilen auf einem Seitenweg zum Shuckstack-Feuerturm zu gehen. Von hier hat man eine atemberaubende Aussicht über die Blue Ridge Mountains, Smoky Mountains und Fontana Lake.

Die nächsten 20 Meilen verlaufen entlang der Bergkämme und haben keine Anstiege über 250 Höhenmeter. Hier wie in den gesamten Smokys sind die Wege sehr gut begehbar und man trifft oft auf Tagesausflügler oder Sectionhiker. Die Häufigkeit der Shelter erhöht sich merklich und so lassen sich die Tagesetappen auch relativ spontan verkürzen oder auch verlängern.

Zum höchsten Punkt des kompletten Appalachian Trails kommt man, wenn man Clingman's Dome (2.025 m, Milemarker 199,5) besteigt. Auf dessen Spitze befindet sich eine Aussichtsplattform, von der aus man die gesamte Region mit einer 360°-Aussicht überblicken kann.

An klaren Tagen soll man einen Ausblick bis in 100 Meilen Entfernung haben, jedoch ist die Sicht oft aufgrund von Luftverschmutzung auf 20 Meilen begrenzt. Die Luftverschmutzung ist eines der Probleme, die die Tiere und Pflanzen des

Waldabschnitt am Pecks Corner Shelter in den Smoky Mountains

Nationalparks der Smoky Mountains bedrohen. Auch hat der Nationalpark sehr mit dem saurem Regen zu kämpfen, der bis zu zehnmal saurer ist als normaler Regen.

Eine halbe Meile unterhalb des Aussichtturms befindet sich ein großer öffentlicher Parkplatz. Von hier bestünde die Möglichkeit, mit Shuttle oder per Anhalter u. a. nach Gatlinburg, TN zu gelangen. Zusätzlich gibt es auch einen kleinen Souvenirshop, in dem man aber nur wenige Snacks und Getränke kaufen kann.

Eine bessere Möglichkeit, um einen Shuttle oder eine Mitfahrgelegenheit zu bekommen, findet sich in der Newfound Gap (Milemarker 207,1). Von hier aus gelangt man in das 15 Meilen entfernte Gatlinburg, TN.

- ☎ Motel 6, 309 Ownby Street Gatlinburg, TN 37738, ☎ (+1)86 54 36 78 13, 🖥 www.motel6.com, Doppelzimmer je nach Wochentag $ 50-60, tierfreundliches Hotel, Wi-Fi
- ♦ Grand Prix Motel, 235 Ski Mtn Rd, Gatlinburg, TN 37738, ☎ (+1)86 54 36 45 61, 🖥 www.grandprixmotel.com, ✉ grandprixmotel@hotmail.com, $ 39 p. P., kann je nach Belegung variieren, Wi-Fi. Shuttle zur Newfound Gap kostet $ 30, zu Clingman's Dome $ 40 pro Shuttle. Shuttle fahren nicht an Sonntagen.

Nach einem Anstieg über 300 Höhenmeter auf den Mount Kephart, dessen Spitze man über einen Abstecher von 0,2 Meilen erreichen kann, bieten sich auf den darauffolgenden Meilen etliche sehr schöne Aussichtspunkte direkt auf dem Weg. Auch das Höhenprofil ist bis zum Abstieg aus den Smoky Mountains nicht sehr intensiv, da man sich die meiste Zeit auf den Bergkämmen bewegt. Den vermutlich schönsten Aussichtspunkt der Smoky Mountains erreichen Sie kurz vor deren Ende. Hierzu müssen Sie dem Mt Cammerer Trail (Milemarker 232,8) 0,6 Meilen bis zu einem Aussichtsturm folgen.

Der in den 1930er-Jahren gebaute Feueraussichtsturm ist auf „western"-Art gebaut. Das heißt, dass man keine Erhöhung für den Turm bauen musste, um die Umgebung frei beobachten zu können. Die Steine, die man zum Bau des Turmes nutzte, sind aus der direkten Umgebung herausgebrochen und wurden in mühevoller Handarbeit als Baumaterial genutzt. Bis in die 60er-Jahre wurde der Turm zur Ausspähung von Waldbränden genutzt, bis ihn die moderne Technik ablöste. Heute bietet der Ausblicksturm eine 360° Aussicht auf die Smoky Mountains, den Pigeon River und die Umgebung.

*Aussicht vom Mount Cammerer am Aussichtsturm
am Ende der Smoky Mountains*

Hat man den Abstieg aus den Smokys (über 1.100 Höhenmeter) hinter sich gebracht, überquert man den Pigeon River und steht sofort dem nächsten Anstieg gegenüber. Dieser befindet sich schon in einem neuen Nationalpark, dem Cherokee National Forest. Knapp 900 Höhenmeter geht es nun hinauf auf den Snowbird Mountain, der auch einen Aussichtsturm besitzt. Wem das Auf und Ab zu viel wird, der kann kurz nach Beginn des Anstiegs eine Pause machen oder in der Standing Bear Farm (Milemarker 240,6) übernachten.

Standing Bear Farm, 4255 Green Corner Rd, Hartford, TN 37753, ☎ (+1)42 34 87 00 14, ✉ cvowen@planetc.com, Schlafsaal $ 20, Zelten $ 15 p. P., privates Zimmer/Baumhaus $ 25, Wi-Fi. Kleine Einkaufsmöglichkeit. Tagesrucksäcke für Slackpacker werden angeboten sowie Shuttles nach Bedarf, auch Hundeshuttles.

Einen sehr seltenen Ausblick bietet der Weg hinauf und auf Max Patch (Milemarker 253,9). Hier wurde ursprünglich aus Viehweidezwecken der komplette Gipfel mit Umgebung gerodet. Vieh findet man zwar nicht mehr auf dem Berg, aber durch die Rodung hat man einen wundervollen Ausblick auf die Gegend und

Weg entlang der Spitze von Max Patch

kann einen letzten Blick auf die Smoky Mountains werfen. Diesen Ausblick empfiehlt es sich noch zu genießen, denn bis zur nächsten Stadt Hot Springs führt
der Weg nur noch durch Wald und Ausblicke sind keine mehr vorhanden. Mit
Ausnahme von zwei kleineren Anstiegen führt der Weg gemächlich bergab bis
nach Hot Springs (Milemarker 273,7). Hot Springs, TN ist die erste Stadt auf
dem Trail, die der AT auf der Hauptstraße durchquert. Die gesamte Stadt ist sehr
wandererfreundlich. ☺ Ob Ausrüstungsgeschäft, Hostels oder Pubs, hier wird
man als Wanderer immer gerne gesehen und man bekommt alles, was das Wan-
derherz begehrt.

Seit 1995 veranstaltet Hot Springs jährlich im April das sogenannte „Trail-
fest". Hierbei gehört die Stadt für ein Wochenende den Wanderern. Ob Live-
musik, Outdooraktivitäten oder Talentwettbewerb, die Unterhaltung ist für jeder-
mann garantiert! Infos unter ⌨ www.hsclc.org.

Eine der vielen Übernachtungsmöglichkeiten liegt gleich am Ortseingang von Hot Springs, TN.

🛏 Hostel at Laughing Heart Lodge, 289 NW Hwy 25/70, Hot Springs, NC 28743, ☏ (+1)82 82 06 84 87, 💻 www.laughingheartlodge.com, Schlafsaal $ 20 p. P., Einzelzimmer $ 30, Doppelzimmer $ 45, Zelten $ 10, Wi-Fi. Für Nichtgäste kosten Dusche und Wäschewaschen jeweils $ 5. Wer nebenan in der Lodge übernachtet ($ 75-100), enthält ein kostenloses Frühstück.

Wenn der Kraftspeicher in Hot Springs, TN wieder aufgefüllt ist, verlassen Sie die Stadt auf der Hauptstraße und überqueren den French Broad River, bis ein relativ steiler Anstieg auf den Rich Mountain beginnt. Auch dieser besitzt einen Aussichtsturm, der einen tollen Ausblick auf die umliegenden Berge bietet. Die darauffolgenden Meilen kennzeichnen sich hauptsächlich durch die stetigen Auf- und Abstiege kleinerer Hügel und Berge. Wer es bis Milemarker 290,0 schafft, kann im Hemlock Hollow Inn & Paint Creek Cafe eine kurze Pause einlegen oder gleich übernachten.

🛏 Hemlock Hollow Inn & Paint Creek Cafe, 645 Chandler Circle, Greeneville, TN 37743, ☏ (+1)42 37 87 17 36, 💻 www.hemlockhollowinn.com, Schlafsaal $ 25 p. P. mit Bettbezug, $ 20 ohne Bettbezug, Doppelzimmer $ 60, Zelten $ 12, Tiere $ 5 extra, Wi-Fi. Kleine Einkaufsmöglichkeit vorhanden. Café hat 7 Tage die Woche während der Wandersaison geöffnet. Shuttles nach Bedarf verfügbar. Die Möglichkeit zum Slackpacking besteht.

Die nächsten 50 Meilen bis nach Erwin, TN (Milemarker 342,1) sind nur spärlich mit Ausblicken gesät. Hier führt der Weg fast ausschließlich durch Wälder und ist von vielen kleinen Auf- und Abstiegen geprägt. Bis nach Erwin, TN passieren Sie zwar zwei Täler, durch die jeweils eine Straße führt, jedoch sind diese eher ungünstig gelegen, um nach Erwin, TN zu trampen. Der Trail führt zwar ca. 3,8 Meilen am Stadtzentrum vorbei, jedoch befindet sich seit 1998 ein Hostel-Klassiker des AT direkt an der Überquerung des Nolichucky Rivers. Auch wer hier keine Übernachtung eingeplant hat, kann mit den Hostel-Shuttle in die Stadt und zurück gelangen. Auf jeden Fall empfiehlt es sich, zumindest eine kurze Rast zu machen, um in Kontakt mit anderen Wanderern zu treten oder einfach nur die Stimmung zu genießen.

🛏   Uncle Johnny's Nolichucky Hostel and Outfitters, 151 River Rd, Erwin, TN 37650,
☎ (+1)42 37 35 05 48, 🖥 www.unclejohnnys.net, Schlafsaal $ 20, privates Zimmer
je nach Ausstattung $ 30-90, Zelten $ 10, Wi-Fi. Kostenlose Shuttles in die Stadt
Erwin. Auch längere Shuttles auf Nachfrage möglich. Tiere erlaubt. Kleinere Einkaufsmöglichkeit vorhanden. Fahrrad- und Kajakverleih vor Ort.

Von der Stadt Erwin, TN aus hat man die Möglichkeit, über den Flughafen in
Asheville, TN (ca. 50 Meilen südlich von Erwin) abzureisen.

Diesen erreicht man am günstigsten mit dem Hikershuttle (☎ (+1)42 33 30
74 16, 🖥 www.hikershuttles.com, ✉ hikershuttles@gmail.com) für $ 90.

Etappe 3: Erwin, TN – Atkins, VA

➲   201,4 Meilen/324,1 km
⧖   ca. 2 Wochen
⇧   510-1.893 m
↑ ↓   14.917 m/14.685 m

*Nachdem man die letzten Meilen in Tennessee hinter sich gelassen hat, führt der
Weg durch den längsten Trailstaat, Virginia. Der Trail kommt zwar ohne steilere
Passagen aus, jedoch prägen immer wieder kleinere Anstiege diesen Abschnitt.
Außerdem steigen Sie das letzte Mal bis New Hampshire auf über 1.800 Höhen-
meter hinauf. Der AT durchquert die Trailstadt schlechthin, Damascus, VA, und
führt durch die Grayson Highlands mit ihren wilden Ponys.*

Auf dem Weg heraus aus dem Tal des Nolichucky Rivers überqueren Sie
zunächst die Bahngleise und einige hölzerne Brücken, ehe Sie mit dem Anstieg
zum Unaka Mountain beginnen. Zwar befindet man sich auf dem Unaka Mountain auf einer Höhe von knapp 1.600 m, jedoch besteht kaum eine Möglichkeit,
einen Ausblick zu erhaschen, da die Gegend um den Berg mit sehr dichtem Fich-
tenwald zugewachsen ist.

Sobald Sie den Abstieg gemeistert haben, stehen 10 anstrengendere Meilen
an. Hier kommt es zu ständigen Auf- und Abstiegen auf kleinere Hügel. Eine Ver-
schnaufpause kann man in der Greasy Creek Gap (Milemarker 366,4) machen,
wenn man 0,6 Meilen vom Trail entfernt das Hostel Greasy Creek Friendly
besucht.

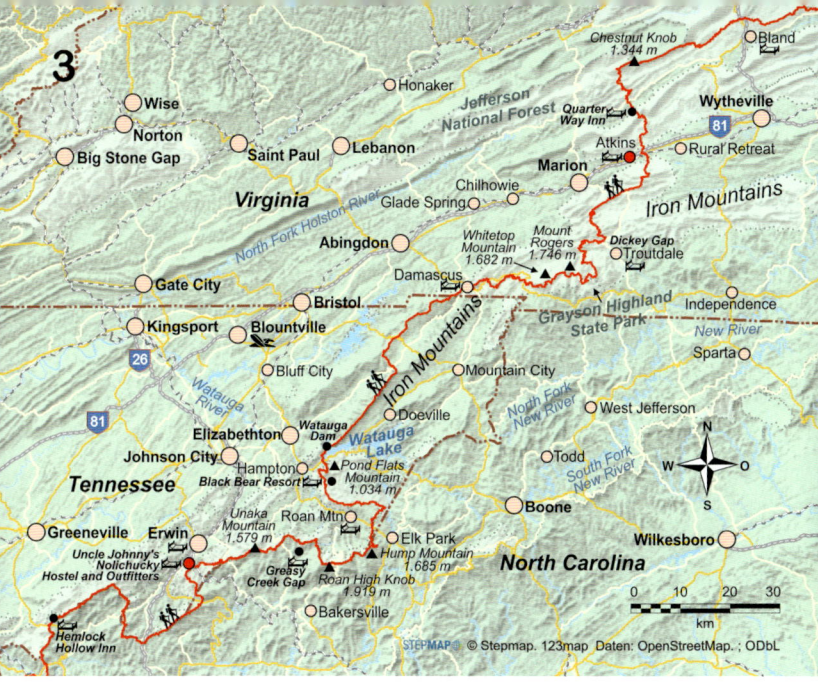

🖂 Greasy Creek Friendly, 1827 Greasy Creek Rd, Bakersville, NC 28705, ☎ (+1)82 86 88 99 48, 🖳 www.greasycreekfriendly.com, 📧 greasycreekfriendly@gmail.com, Schlafsaal $ 10 p. P., Zelten $ 7,50, Tiere außerhalb des Hauses $ 3, Wi-Fi und kleine Einkaufsmöglichkeit in der Unterkunft sind vorhanden. Es fahren Shuttles von Hot Springs, NC bis Damascus, VA. Versorgung mit selbst gekochtem Essen.

Die ersten nennenswerten Ausblicke erreichen Sie nach einem knapp 250 m langen Anstieg auf den Little Rock Knob. Von hier aus kann man in westlicher Richtung einen Blick zurück auf Unaka Mountain und die umliegenden Wälder werfen. Nach dem Abstieg von Little Rock Knob stehen knapp 700 m Anstieg bis zum höchstgelegenen Shelter des AT an, dem Roan High Knob Shelter.

Das Roan High Knob Shelter wurde in der 1930ern als Unterkunft für die Wildhüter, die den damals noch existierenden Feuerwachturm bemannten, gebaut. Spätestens seit der letzten Renovierung im Jahr 2003 zählt dieses Shelter zu den luxuriösesten auf dem Trail. Dies zeigt sich zum einen durch ein vollständiges, geschlossenes Gebäude, zum anderen durch die Kapazität für bis zu 15 Leute, die auf den zwei Etagen Platz finden können.

Auf den folgenden Meilen entlang des Bergkammes bieten kürzere Seitenwege wunderschöne Ausblicke auf den umliegenden nördlichen Teil des Cherokee-Nationalparks und einen Rückblick auf Roan Mountain. Nach dem Verlassen des Bergkammes stehen noch zwei kleinere Anstiege auf den Little Hump Mountain und den Hump Mountain an. In dieser Gegend gibt es sehr viele Übernachtungs-möglichkeiten auf Campsites bzw. viele Wasserquellen, die zum Wildcampen ein-laden.

Eisiger Anstieg auf den Hump Mountain, TN

Hiernach folgt ein ca. 800 m langer Abstieg bis zur Schnellstraße US 19E (Milemarker 393,1). Von hier aus kann man per Anhalter oder mit einem Shuttle-ledienst entweder nach Elk Park, NC (2,4 Meilen östlich) oder nach Roan Mtn, TN (3,5 Meilen westlich) gelangen. Wem dieser Weg zu weit ist, der kann die 0,3 Meilen in westlicher Richtung laufen, um zum Mountain Harbour B&B zu gelangen.

☞   Mountain Harbour B&B, 9151 Hwy 19E, Roan Mountain, TN 37687, ☎ (+1)86 67 72
      94 94, 🖵 www.mountainharbour.net, ✍ welcome@mountainharbour.net, Schlaf-
      saal $ 25 p. P., Doppelzimmer $ 55, Doppelzimmer Baumhaus $ 75, Zelten $ 10.
      General Store nebenan auch für Nichtgäste. Shuttles sind nach Bedarf auch für
      Slackpacking möglich. Nichtgäste können auch duschen ($ 4), Wäsche waschen
      ($ 6) und frühstücken ($ 12).

Auf den nächsten 20 Meilen brauchen Sie sich glücklicherweise keine Sorgen
um die Wasserversorgung zu machen, da Sie etliche Bäche überqueren, die sich
kaum weiter als eine Meile voneinander entfernt befinden.

Das Höhenprofil in diesem Abschnitt liest sich relativ flach und wird nur durch
vereinzelte Hügel gekennzeichnet. Auch finden sich zwischendurch ein paar Aussichtspunkte, von denen einer sogar mit einer Bank zum Hinsetzen, Pausieren
und Ausblickgenießen einlädt. Nach der guten Hälfte des Abstieges von diesem
Bergkamm können Sie unter anderem im Black Bear Resort übernachten (Milemarker 418,2).

☞   Black Bear Resort, 1511 Dennis Cove Rd, Hampton, TN 37658, ☎ (+1)42 37 25 59
      88, 🖵 www.blackbearresorttn.com, Schlafsaal $ 20 p. P., Zelten $ 15, Einzelräume
      für bis zu vier Personen $ 50/65 je nach Größe. 🍴 Das Resort hat vom 1. März bis
      30. Oktober geöffnet. Morgens gibt es kostenlosen Kaffee für alle Gäste. Es gibt eine
      kleine Einkaufsmöglichkeit, um Outdooressen, Snacks und Gas/Benzin zu kaufen.

Unten im Tal befindet sich der Laurel-Wasserfall. Dieser gilt trotz seiner nur
knapp 25 m Höhe als einer der schönsten Wasserfälle in Tennessee. Hierher ver-
schlägt es vor allem bei schönem Wetter viele Tagesausflügler und Touristen. Der
Trail folgt dem Fluss weiter für 1 Meile. Dann gelangt man an eine Kreuzung, von
der aus man auf einem Seitenweg in 1 Meile nach Hampton, TN laufen kann. Wer
dies nicht tut, dem steht der gut 500 m hohe Anstieg auf den Pond Flats Mountain bevor. Nach dem direkten Weg nach oben geht es auch sofort wieder bergab
zum Watauga Lake.

Der Watauga Lake ist ein künstlicher Stausee, der in den 1940er-Jahren zur
Energiegewinnung und zum Hochwasserschutz angelegt wurde. Hierfür wurde die
Stadt Butler, TN einfach etwas weiter oben am Hang neu angelegt. Über 125
Häuser und 50 Geschäfte wurden umgesiedelt und mehr als 1.000 Gräber muss-
ten verlegt werden.

Der Trail führt 3 Meilen entlang des Seeufers bis über den Watauga-Damm. Hierbei passieren Sie das Watauga Lake Shelter, das für zwei Jahre aufgrund der häufigen Bärenaktivität geschlossen war. Es wurde dann 2016 wiedereröffnet, musste aber schnell erneut geschlossen werden, da es immer noch Vorfälle mit Bären gab.

Sobald man aus dem Tal des Watauga Lakes heraussteigt, führt der Trail nun über mehrere Berggruppen und befindet sich für die nächsten 40 Meilen ausschließlich im Wald. Daher sind auf diesem Abschnitt auch keine nennenswerten Aussichtspunkte vorhanden. Dafür ist das Höhenprofil sehr angenehm zu bewältigen, da es keine größeren An- bzw. Abstiege gibt. Sobald man mit dem Abstieg aus dieser Berggruppe beginnt, übertritt man die Staatsgrenze zwischen Tennessee und Virginia. Nun führt der Trail 554 Meilen/892 Kilometer durch den längsten Trailstaat.

3 Meilen nach der Staatsgrenze erreichen Sie das erste Highlight in Virginia: die Trailstadt schlechthin – Damascus, VA (Milemarker 468,5). Der Trail führt hier 1 Meile durch das 800-Seelen-Städtchen. Eine der außergewöhnlich vielen Übernachtungsmöglichkeiten ist das Woodchuck Hostel in der Stadt, direkt am Trail.

🡒 Woodchuck Hostel, 533 Docie St, Damascus, VA 24236, ☎ (+1)40 64 07 12 72, 🖥 www.woodchuckhostel.com, Schlafsaal $ 25 p. P., privater Raum $ 45 p. P., Doppelzimmer $ 50, Zelten $ 10, Tipizelt $ 15. Kostenloses Frühstück bei Übernachtung im Hostel. Wer zeltet, muss für das Frühstück $ 2 Aufpreis zahlen. Tiere sind sehr willkommen. Kostenlose Shuttles fahren innerhalb der Stadt zu den Einkaufsmöglichkeiten.

Das wichtigste jährliche Event in Damascus, VA sind mit Sicherheit die Trail days am zweiten Wochenende im Mai. Hierfür kommen von Donnerstag bis Sonntag bis zu 20.000 Wanderer aus der ganzen Welt. Vorzugsweise natürlich diejenigen, die sich momentan auf dem AT befinden oder ihn in den letzten Jahren gelaufen sind.

Auf den Trail days wird von diversen Essensständen, kostenloser Ausrüstung und Reparatur von Ausrüstung von etlichen Outdoorfirmen bis zu einem vielfältigen Musik- und Talentshowprogramm so einiges geboten. Der Höhepunkt dieses Wochenendes ist dann die Wandererparade, bei der die Wanderer aus den jeweiligen Jahren, in denen sie den AT bewältigt haben oder bewältigen werden, in einer großen Parade durch die gesamte Stadt ziehen und von den umstehenden Einwohnern mit Wasser bespritzt werden.

Aussicht kurz vor den Grayson Highlands

In Damascus, VA treffen neben dem AT auch der Virginia Creeper Trail und der Iron Mountain Trail zusammen. Beide sind zwar deutlich kürzer als der AT, ca. 20-30 Meilen lang, bieten aber auch einen sehr abwechslungsreichen Eindruck von der Landschaft und haben großartige Ausblicke – vor allem im Grayson Highland State Park – zu bieten. Auch kreuzen sich diese Wege ein paar Mal im Verlauf des Aufstiegs in den Grayson Highland State Park. Der Aufstieg aus Damascus, VA beträgt auf etwa 20 Meilen knappe 1.000 Höhenmeter. Wer dies gemeistert hat, kann auf einem Nebenweg mit 150 Höhenmetern den Whitetop Mountain (1.682 m), den dritthöchsten Berg in Virginia, erreichen. Um den höchsten Berg in Virginia zu erklimmen, muss man glücklicherweise nur 7 Meilen weiter dem AT folgen. Hier gibt es ebenfalls einen Nebenweg zum Mount Rogers (1.746 m), von dem aus man einen freien Ausblick auf die umliegenden Gebiete der Mount Rogers National Recreational Area und des Grayson Highland State Parks hat.

Der Grayson Highland State Park ist auch der Park, den man kurz darauf für leider nur 3 Meilen duchquert. Hier eröffnen sich Dutzende baumfreie Ausblicke über Virginia und eine einzigartige Besonderheit gibt es hier zusätzlich: Im Nationalpark befinden sich wild lebende Ponys. Der Nationalpark ist einer der wenigen Abschnitte, in dem das Wildcampen für Thru-hiker verboten ist.

Im Gegensatz zu den im Westen der USA lebenden Pferden stammen die wilden Ponys nicht von spanischen Mustangs ab, sondern von den Shetlandponys. Höhen über 1.300 m bieten einen optimalen Lebensraum für die robusten Tiere. Angesiedelt wurden die Ponys, um das Vorkommen des Hagedorns und der dornigen Büsche der Region einzudämmen. Die Anzahl der Ponys ist im State Park auf maximal 120 begrenzt. Jedes Jahr, am Grayson Highland Fall Fest, werden die überschüssigen Ponys versteigert.

Auch wenn man den State Park verlässt, bieten sich auf den folgenden Meilen weiter tolle Ausblicke, denn der Trail führt erst einmal auf dem Bergkamm entlang, bis es nach ca. 10 Meilen abschnittsweise weiter bergab bis in den Fox

Wilde Ponys in den Grayson Highlands

Ende der Grayson Highlands mit Aussicht

Creek geht. Danach ist noch ein Hügel zu überwinden, um den Hurricane Creek Campground (Milemarker 516,3) zu erreichen, der sich nach 0,7 Meilen an einem Nebenweg befindet.

⛺ Hurricane Creek Campground, 2021 Hurricane Camp Road, Sugar Grove, VA 24375, ☎ (+1)27 67 83 51 96, Zelten $ 16, Duschen $ 2, 🗓 April bis Oktober

Wem eine überdachte Unterkunft lieber ist, der muss nur 2 Meilen weiter wandern. In der Dickey Gap (Milemarker 518,3) sollte man versuchen, eine Mitfahrgelegenheit nach Troutdale, VA zu bekommen. In Troutdale gibt es ein Hostel von der Baptistenkirche. Man muss weder religiös hierfür sein, noch versuchen die freiwilligen Helfer im Hostel jemanden zu bekehren. Jedoch sollte man für die kostenlose Unterbringung immer ein paar Dollar als Spende bereithalten.

🛏 Troutdale Church Hostel, 62 Saphire Lane, Troutdale, VA 24378, ☎ (+1)27 66 77 40 92, Schlafsaal, Duschen und Mikrowelle sind vorhanden. Zelten ist vor der Kirche möglich. Striktes Alkoholverbot in den Räumlichkeiten. Tiere sind nur außerhalb erwünscht.

Die Meilen nach der Dickey Gap zeichnen sich vor allem wieder durch die dichten Wälder aus und bieten keine Ausblicke. Glücklicherweise sind auch kaum Steigungen oder Abstiege vorhanden. Bei Milemarker 532,2 erreichen Sie das komfortable Partnership Shelter. Neben seiner Geräumigkeit und den angrenzenden Duschen bietet es die Möglichkeit, über eine nahe liegende Straße einen Pizzalieferservice kommen zu lassen.

Auf dieser Straße hat man auch schon die Möglichkeit, per Shuttle oder Mitfahrgelegenheit in die Stadt Marion, VA zu gelangen, von wo eine Abreise möglich wäre. Jedoch ist das eine Fahrstrecke von 6 Meilen. Nur 11,4 Meilen weiter kommen Sie auf dem Trail direkt nach Atkins, VA. Diese Meilen bieten keine größere Herausforderung im Höhenprofil und sind auf dem Waldweg sehr leicht begehbar.

Wer den Trail in Atkins, VA beenden oder unterbrechen möchte, findet den nächsten Flughafen in Blountville, TN ca. 60 Meilen in westlicher Richtung. Dafür fährt man mit dem Taxi nach Marion, VA (Eller Taxi Service LLC, ☏ (+1)27 67 59 22 00), um von dort aus den Bus (☏ (+1)80 02 31 22 22, 🖥 www.greyhound.com, einfache Fahrt ca. $ 20) nach Bristol, TN zu nehmen. Von hier kann man dann mit dem Taxi (United Airport Taxi, ☏ (+1)86 54 37 73 75) den Flughafen erreichen.

Etappe 4:
Atkins, VA – Daleville/Troutville, VA

➲   183,7 Meilen/295,6 km

⧗   ca. 2 Wochen

⇧   355-1.339 m

↑ ↓   13.228 m/13.588 m

Im folgenden Abschnitt wird deutlich, weshalb der AT oft als „grüner Tunnel" beschrieben wird. Der Trail führt fast ausschließlich durch Wälder, in denen sich kaum eine Aussichtsmöglichkeit bietet. Die oftmals von Rhododendren umgebenen Wege führen über mehrere mittelschwere Berge. Erst gegen Ende der Etappe bieten sich häufiger Aussichtspunkte, unter anderem der spektakuläre McAfee Knob und die Tinker-Klippen.

Um Atkins, VA zu verlassen, folgen Sie der Bundesstraße für eine halbe Meile, ehe Sie dann wieder seitlich auf den Wanderweg abbiegen. Dieser verläuft ohne nennenswerte Steigungen auf den nächsten 5 Meilen im Wald. Nach einem kurzen Abstieg kommt man an einen für diesen Streckenabschnitt typischen Berg, den man mit 250 Höhenmetern erklimmen muss. Nach dem folgenden Abstieg erreichen Sie die Old Rich Valley Road (Milemarker 553,9), wo es 0,8 Meilen entfernt in westlicher Richtung eine Übernachtungsmöglichkeit im Quarter Way Inn gibt.

🛏 Quarter Way Inn, 4083 Old Rich Valley Rd. Ceres, VA 24318, ☎ (+1)27 65 22 46 03, 💻 www.quarterwayinn.com, ✉ tina@quarterwayinn.com, Schlafsaal $ 30, Einzelzimmer $ 45, mit Doppelbett $ 75, Zelten $ 18. Bei einer Übernachtung sind Bettbezug, Duschen, Wäschewaschen und Kaffee am Morgen inklusive. Kleinere Einkaufsmöglichkeiten sind im Hostel vorhanden. Shuttles zum Slackpacken werden zum Partnership Shelter und nach Atkins angeboten.

Dem Trail weiter folgend gilt es zwar auf den nächsten 10 Meilen mehrere Berge zu bewältigen, allerdings weist keiner der An- und Abstiege mehr als

200 Höhenmeter auf. Dann geht es aber an den Aufstieg auf den Chestnut Knob, der auf 4,5 Meilen ca. 640 Höhenmeter beträgt. Auf dessen Spitze liegt das Chestnut Knob Shelter auf einer Wiese, das sogar mit Tür verschließbar ist. Von hier aus hat man einen sehr guten Ausblick über den baumlosen Gipfel.

Nun folgt nach einem kurzen Abstieg ein 5 Meilen langer Abschnitt im Wald, der nicht viele Höhenmeter am Stück zu überwinden hat, dafür aber immer von kleinen An- und Abstiegen geprägt ist. Hiernach geht es auf 3 Meilen 450 Höhenmeter bergab. Die letzten 10 Meilen bis zur nächsten Übernachtungsmöglichkeit in Bland, VA führen nur über zwei Berge, bei denen nicht mehr als 250 Höhenmeter zu überwinden sind. Erreicht man die US 52 (Milemarker 589,9), sind es nur noch 2,5 Meilen in östlicher Richtung bis Bland, VA mit Übernachtungsmöglichkeit. Auch bestünde die Möglichkeit, hier in westlicher Richtung in 3 Meilen nach Bastian, VA zu gelangen.

🛏 Big Walker Motel, 70 Skyview Lane, Bland, VA 24315, ☎ (+1)27 66 88 33 31, Doppelbett $ 65, Zimmer mit 2 Doppelbetten $ 70. Einkaufsmöglichkeiten sind in der direkten Umgebung vorhanden. Tiere sind erlaubt.

Weiter auf dem AT kennzeichnen sich auch die nächsten 26 Meilen nach der US 52 durch keine höheren Berge, die man überwandern muss. Jedoch warten immer wieder kleinere, kurze Anstiege auf dem Trail. Der Wegesrand ist mit vielen Rhododendren geschmückt und der AT führt ausschließlich durch Wald. An Milemarker 608,3 überqueren Sie die VA 606 und können in einer halben Meile in westlicher Richtung einen Abstecher zu einem Lebensmittelladen bzw. einer Tankstelle machen.

🏴 Trent's Grocery, 900 Wilderness Rd, Bland, VA 24315, ☎ (+1)27 69 28 13 49. Es gibt die Möglichkeit, Pizza, Burger und andere Kleinigkeiten frisch zubereitet zu essen. Auch ist eine kleinere Einkaufsmöglichkeit vorhanden, um die Vorräte aufzustocken. Zusätzlich kann man hier auch für $ 6 zelten und für jeweils $ 3 duschen bzw. Wäsche waschen.

Kurz nach der Überquerung der VA 606 empfiehlt es sich, an Milemarker 610,1 einen Abstecher von 0,3 Meilen zu machen. Hier gelangt man über einen Nebenweg zu den Dismal-Wasserfällen, die zwar nicht besonders hoch sind, aber eine sehr gute Schwimm- und Erfrischungsmöglichkeit bieten. Auch finden sich

Ausblick über Waldlandschaft in Virginia

hier zahlreiche Möglichkeiten, zwischen den Rhododendronsträuchern Zelte auf-
zubauen.

Die nächsten 6 Meilen auf dem Trail sind dann sehr angenehm zu laufen. Sie
sind nur eben unterwegs und überqueren mehrere kleine Holzbrückchen. Danach
folgt dann wieder ein Anstieg von ca. 450 Höhenmetern. Erklimmt man diesen,
hat man nach längerer Zeit wieder eine Aussichtsmöglichkeit über den umliegenden Nationalpark. Ein weiterer Ausblick bietet sich schon 2 Meilen weiter an
einem Radioturm. Weiter auf dem nun wieder relativ ebenen Weg haben Sie bei
Milemarker 623,5 in der Sugar Run Gap die Möglichkeit, in das Woods Hole
Hostel einzukehren, das sich eine halbe Meile entfernt an der Straße befindet.

🛏 Woods Hole Hostel, 3696 Sugar Run Rd., Pearisburg, VA 24134,
☎ (+1)54 09 21 34 44, 💻 www.woodsholehostel.com,
✉ woodsholehostel@gmail.com, Schlafsaal $ 14, Privaträume $ 28-90,
Shuttles und Möglichkeiten zum Wäschewaschen für AT-Wanderer sind vorhanden.
Außerdem wird Massage und Yoga angeboten. Abendessen kostet $ 13 und Früh-
stück $ 8. Für Tiere muss ein Aufpreis gezahlt werden.

Nach Verlassen der Sugar Run Gap folgt der Trail für die nächsten 6,5 Meilen dem Bergkamm, der nur kleinere An- und Abstiege aufweist und mehrere Aussichtspunkte bietet. Am Ende des Bergkammes hat man nur noch einen, zum Teil auch steilen, ca. 650 Höhenmeter langen Abstieg nach Pearisburg, VA (Milemarker 634,6) zu meistern. Der Trail führt knapp 1 Meile westlich an Pearisburg, VA, das gute Möglichkeiten zum Übernachten und Vorräteaufstocken bietet, vorbei.

🛏   Holiday Motor Lodge, 401 N Main St, Pearisburg, VA 24134, ☏ (+1)54 09 21 15 51, Schlafsaal $ 20, Privatzimmer $ 50. Im Schlafsaal sind Tiere kostenlos, in den Privatzimmern muss man eine extra Gebühr von $ 10 zahlen. Ein Outdoorpool ist vorhanden.

Wanderin mit Kuh im Wald Virginias

Nach Überquerung des New River über die Senator-Shumate-Brücke folgt ein ca. 600 Höhenmeter umfassender, lang gezogener Anstieg auf den nächsten Bergkamm. Folgt man diesem weiter auf dem Trail, läuft man genau an der Staatsgrenze zu West Virginia entlang. Nach 10 Meilen auf diesem Bergkamm, der leider keine Ausblickmöglichkeiten bietet, folgt ein Abstieg in das Stony Creek Valley. Hier gibt es eine ganz besondere Übernachtungsmöglichkeit. Bei

Milemarker 655,3 kann man im Garten bei „The Captains" übernachten. Dies ist zwar kein Hostel, aber der Garten wird vom Hausbesitzer für Wanderer zur Verfügung gestellt. Da der Trail und der Garten durch einen Bach getrennt sind, ist der einzige Weg, um dorthin zu gelangen, eine Seilrutsche.

Nachdem Sie das Stony Creek Valley verlassen haben und der nächste Bergkamm erstiegen ist, folgt ihm der Weg für gute 6 Meilen. Danach führt ein recht steiler Abstieg mit knapp 600 Höhenmeter ins Tal und mündet sofort in einen ebenso hohen Anstieg. Auf der Spitze kann man den Ausblick von Kelly Knob genießen, bevor es dann in 4 Meilen und gut 500 Höhenmetern hinunter zur VA 42 (Milemarker 675,1) geht. Von hier aus gibt es die Möglichkeit, ins 8 Meilen entfernte Newport, VA zu gelangen.

🛏 Sublett Place, Sublett Lane, Newport, VA 24128, ☎ (+1)54 05 44 30 99,
     💻 www.thesublettplace.com, ✉ subletthouse@pemtel.net, saisonabhängige Preise, $ 120-175 für ein komplettes Gästehaus, das Platz für 2 bis 6 Gäste bietet. Die Gebühr für Tiere beträgt $ 50.

1 Meile nach der VA 42 passiert der AT die Keffer-Eiche und folgt dann einem knapp 400 Meter hohen Anstieg auf Bruisers Knob. Glücklicherweise bieten sich auf dessen Bergkamm einige schöne Möglichkeiten, um auf die umliegenden Wälder zu blicken.

Die Keffer-Eiche ist die älteste Eiche im südlichen Abschnitt des AT. Sie ist über 300 Jahre alt und hat einen Durchmesser von 5,5 Metern. Nur die Dover-Eiche im Bundesstaat New York ist ein kleines bisschen größer.

Auf einem lang gezogenen Abstieg von ca. 550 Höhenmetern gelangen Sie in das Tal des Craig Creek, welches auf der anderen Seite vom Brush Mountain gebildet wird. Über diesen führt der AT auf einem fast genauso langen Anstieg weiter. Nach einer halben Meile auf dem Bergkamm kann man auf einem kurzen Nebenweg am Audie Murphy Monument vorbeischauen. Audie Murphy war der höchstdekorierte US-Soldat des Zweiten Weltkrieges. Er erhielt jede Auszeichnung, die man in den USA bekommen kann. 1971 kam er bei einem Flugzeugabsturz am Brush Mountain ums Leben.

Nach einem knapp 500 Meter hohen Abstieg folgt der AT einem ebenso hohen, nur etwas länger gezogenen Anstieg auf den Cove Mountain. Auf dem Gipfel wird man von mehreren wundervollen Ausblicken erwartet. Zusätzlich lohnt ein kurzer Abstecher auf einem Nebenweg 100 Meter zu der Felsformation „Dragon's Tooth".

Ausblick am McAfee Knob, VA

Dragon's Tooth sind Felsmonolithen, die mit etwas Fantasie das Gebiss eines Drachen darstellen sollen. Den bestmöglichen Ausblick erhält man, wenn man mit etwas Mühe und Geschick die Spitze dieser „Zähne" erklettert.

Der 1,5 Meilen lange Abstieg hinunter zur VA 624 ist abschnittsweise sehr steil und zur Unterstützung der Wanderer sind in der Felswand Eisenstreben angebracht, um einen sicheren Abstieg zu gewährleisten. An der VA 624 angekommen (Milemarker 701,8) kann man, wenn man der Straße 0,3 Meilen in westlicher Richtung folgt, in einer Tankstelle Kleinigkeiten einkaufen oder ein warmes Essen zu sich nehmen. Auch befindet sich 0,3 Meilen in östlicher Richtung an der Straße ein Hostel.

- Catawba Grocery, 5944 Catawba Valley Dr, Catawba, VA 24070, ☎ (+1)54 03 84 80 50. Es gibt die Möglichkeit, einige Lebensmittel zu kaufen oder warme Speisen wie Burger, Pizza oder Frühstück zu genießen.
- Four Pines Hostel, 6164 Newport Rd, Catawba, VA 24070, ☎ (+1)54 03 09 86 15, kostenloses Garagenhostel, bei dem um eine Spende gebeten wird. Kostenlose Shuttles zum Restaurant und zum kleinen Supermarkt sind vorhanden. Wäschewaschen kostet $ 3. Duschen sind vorhanden.

Weiter auf dem AT verläuft der Trail relativ eben für 6 Meilen durch den Wald. Dann folgt ein ca. 350 Meter hoher Anstieg auf den McAfee Knob. Oben bietet sich einer der exzellentesten Ausblicke des kompletten Trails. Es ist möglich, auf einem Felsvorsprung über das gesamte Catawba-Tal zu blicken, das sich bis zu 1 Kilometer tiefer befindet.

Der Trail folgt nun weiter der Bergkette, die das Catawba-Tal umgibt. Hierbei kommt es immer wieder zu kleineren An- und Abstiegen. Nur knapp 6 Meilen nach McAfee Knob gelangen Sie zu einem weiteren Höhepunkt, den Tinker-Klippen. Von diesen kann man ebenfalls das komplette Tal überblicken und man hat einen sehr guten Blick zurück auf McAfee Knob. Auf den letzten 10 Meilen bis Daleville/Troutville, VA auf der Bergkuppe wandern Sie konstant einfach bergab. Hierbei bieten sich oftmals zu allen Seiten sehr schöne Ausblicke. Unten angekommen kreuzt der AT die Interstate 81 (Milemarker 729) und man hat zu beiden Seiten die Möglichkeit, nach Daleville bzw. Troutville zu laufen, da sich diese beiden Städte direkt am Trail befinden.

🛏 Howard Johnson Express, 437 Roanoak Road, Daleville, VA 24083, ☎ (+1)54 09 92 12 34, Hikerrabatt $ 50 Privatzimmer, Tiere kosten $ 19 extra. Es sind ein Pool und ein Spieleraum vorhanden. Kontinentales Frühstück ist inklusive.

Wegabschnitt in Virginia

Die Abreise aus Daleville/Troutville, VA erfolgt am günstigsten über den Flughafen in Roanoke, VA. Dieser befindet sich nur ca. 10 Meilen von Daleville, VA entfernt. Sie erreichen ihn am schnellsten mit einem Taxi, das etwa $ 30 kostet (City Cab Roanoke, ☎ (+1)54 08 15 50 50).

Etappe 5:
Daleville/Troutville, VA – Front Royal, VA

⟳   241,6 Meilen/388,8 km
⧖   2-3 Wochen
⇧   207-1.288 m
↑ ↓   17.678 m/17.770 m

Diese Etappe enthält anfangs nur kleinere Steigungen, jedoch gilt es bald, Berge wie „The Priest" oder „Three Ridges" zu bewältigen. Am Ende der Etappe durchquert man den viel besuchten Shenandoah National Park, der allerdings nicht mit den atemberaubenden Ausblicken der Smoky Mountains oder der White Mountains mithalten kann.

Nachdem Sie die Interstate 81 überquert haben, folgt ein gemächlicher Anstieg von ca. 330 Höhenmetern auf den Fullhardt Knob. Von dort aus verläuft der Trail auf den nächsten 11 Meilen sehr hügelig über mehrere kleinere Anhöhen, von denen manche einen guten Ausblick über die Blue Ridge Mountains bieten. Die folgenden Meilen verlaufen dann ebener auf dem Bergkamm entlang, auch hier gibt es einige weitere schöne Ausblicke. An Milemarker 749,1 überqueren Sie die VA 43 und haben erstmals die Möglichkeit, nach Buchanan, VA zu gelangen, das sich 5 Meilen westlich befindet. Eine weitere Möglichkeit, um den Ort zu erreichen, bietet sich 6 Meilen später an der VA 614. Von dort aus sind es ebenfalls 5 Meilen bis zur Stadt. Wem dieser Weg zu weit ist, der kann an der VA 614 auch 0,3 Meilen nach Osten zum Middle Creek Campground gehen (Milemarker 755,7).

⛺   Middle Creek Campground, 1164 Middle Creek Rd, Buchanan, VA 24066,
☎ (+1)54 02 54 25 50, 🖥 www.middlecreekcampground.com. Mit Thruhiker-Rabatt Zelten $ 12, privater Raum ab $ 45. Kostenlose Shuttles vom und zum Trail sind vorhanden. Für $ 5 bekommt man einen Tagespass, mit dem man die Duschen und

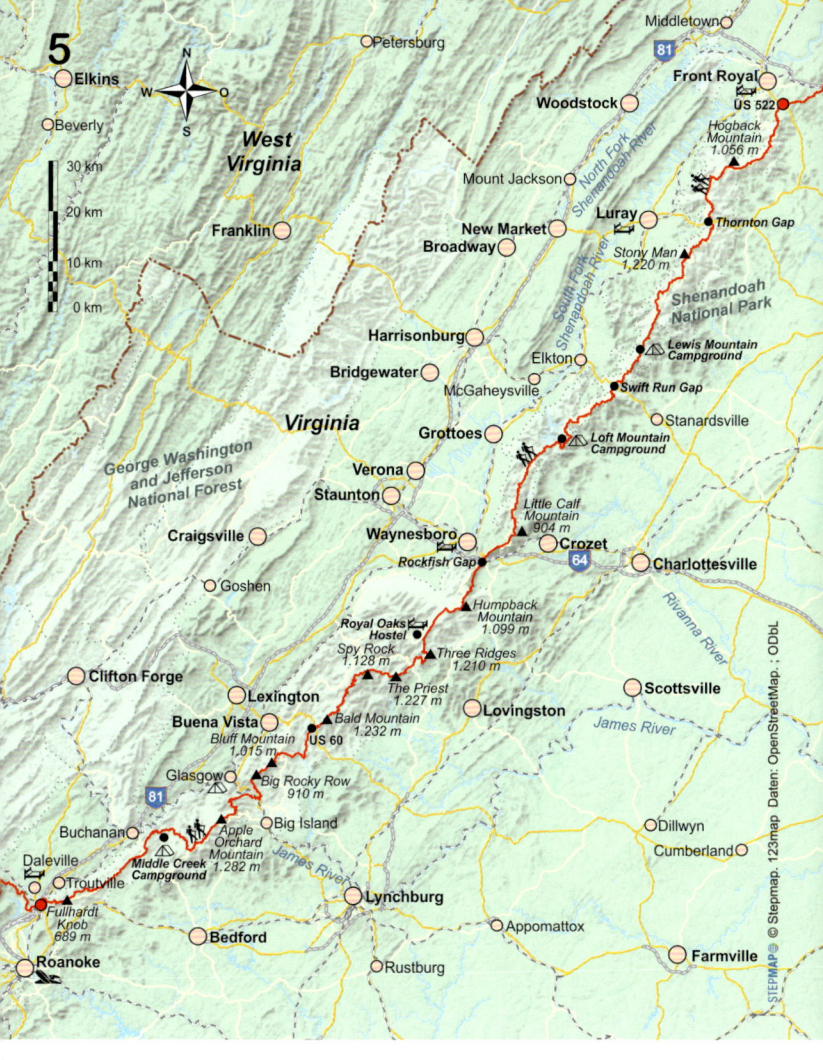

den Pool benutzen kann. In einem kleinen Shop kann man das Nötigste einkaufen. In einer Snackbar gibt es Burger, Frühstück, Pommes und andere Kleinigkeiten zum Essen.

Zusätzlich befindet sich direkt an der VA 614, die über eine Brücke führt, eine Bademöglichkeit im Fluss. Hier hat sich an einigen Stellen genug Wasser angesammelt, um sich komplett darin abkühlen zu können. Wen es weiterzieht, der hat den Folk Mountain mit einem kurzen, gut 300 Höhenmeter umfassenden An- und Abstieg vor sich. Auf den nächsten 10 Meilen zieht sich über ca. 910 Höhenmeter ein langer Anstieg zum Apple Orchard Mountain. Nicht nur dessen Gipfel bietet sehr schöne Aussichten, sondern auch während des Anstiegs hat man ab und zu die Möglichkeit, einen schönen Ausblick zu erhaschen. Etwas länger als der Anstieg ist nur der Abstieg: Über 14 Meilen gilt es etwas mehr als 1.000 Höhenmeter zu überwinden. Im Tal angekommen überqueren Sie den James River über eine Brücke.

Die Brücke über den James River ist die längste Brücke auf dem AT, die nur von Fußgängern benutzt werden darf. Sie ist eine alte Eisenbahnbrücke, die in Gedenken an William T. Foot 2000 eröffnet wurde. Er und seine Frau waren die Ersten, die den Coast-to-Coast American Discovery Trail 1997 komplett gelaufen sind.

Die Brücke endet direkt auf einem Parkplatz (Milemarker 784,3) an der US 501, von dem aus man ins 5,6 Meilen entfernte Big Island, VA in östlicher Richtung und ins 5,9 Meilen in westlicher Richtung gelegene Glasgow, VA gelangen kann. In Glasgow, VA findet man eine Übernachtunsmöglichkeit in einem Shelter mitten in der Stadt.

⚠ Shelter, Glasgow, VA, Jarvis Trail, Glasgow, VA 24555, kostenloses Shelter, das 2010 mithilfe von Spenden gebaut wurde. Auch Zelten ist hier möglich. Warme Duschen sind vor Ort und ein Geschäft, in dem man Wäsche waschen kann, befindet sich auf der anderen Straßenseite. Seit 2013 ist auch ein Stromanschluss vorhanden. Shuttles nach Glasgow kann man bei Gary Serra (☎ (+1)75 76 81 22 54) buchen.

Weiter auf dem Trail folgt ein relativ steiler Anstieg über ca. 650 Höhenmeter auf Big Rocky Row. Von hier aus haben Sie einen tollen Ausblick auf den James River und sein umliegendes Tal. Ein weiterer sehr guter Ausblick über die umliegenden Berge und Täler bietet sich 4 Meilen weiter auf dem Bluff Mountain, der nicht schwierig zu erklimmen ist, da man an der Big Rocky Row schon fast die Spitze des Bergkammes erreicht hat. Auf dem Abstieg überqueren Sie den Blue

Sonnenuntergang auf dem Cole Mountain, VA

Ridge Parkway an Milemarker 795,2. Von hier aus kann man ins 6 Meilen entfernte Buena Vista, VA gelangen.

Der Blue Ridge Parkway ist eine 469,1 Meilen lange Straße, die den Shenandoah National Park und den Smoky Mountains National Park verbindet. Der AT überquert den Blue Ridge Parkway ganze 32 Mal.

Nach weiteren 4 Meilen haben Sie den Abstieg von der Bergkette geschafft und stehen nun vor einem 4 Meilen langen sehr ebenen Stück, bevor es die zum Teil sehr steilen knapp 900 Höhenmeter hinauf zum Bald Mountain geht. Am Fuße des Aufstiegs überqueren Sie die US 60, von der Sie ins 9,3 Meilen entfernte Buena Vista, VA in westlicher Richtung oder ins 4 Meilen in westlicher Richtung entfernte Three Springs Hostel Bunk gelangen können. Der Parkplatz, von dem aus man beide Orte erreichen kann, befindet sich an Milemarker 806,1.

🛏 Three Springs Hostel Bunk & Breakfast, 612 Wiggins Spring Road, Vesuvius, VA 24483, ☎ (+1)43 49 22 70 69, 🖥 www.threespringshostel.com, ✉ info@threespringshostel.com, privater Raum $ 50 inklusive Frühstück, kostenlose Shuttles zum Trail und zu Einkaufsmärkten sind auf Nachfrage vorhanden. Die Möglichkeit zum Slackpacking besteht.

Ausblick vom Spy Rock, VA

Wenn man den Aufstieg gemeistert hat, folgt eine knapp 20 Meilen lange Wanderung über die Bergkuppe, bei der man mehrere kleinere Berge überquert. Auch von diesen Bergen bietet sich oft eine sehr schöne Aussicht auf die umliegenden Berge und Wälder. An Milemarker 822,8 lohnt es sich, einen 0,1 Meilen langen Abstecher auf den Spy Rock zu machen. Dort bietet sich ein bezaubernder 360°-Ausblick. 5 Meilen später erreichen Sie das Ende der Bergkuppe am Gipfel von „The Priest".

Am gleichnamigen Shelter, das sich kurz vor dem Gipfel von „The Priest" befindet, gibt es eine kuriose Wanderertradition. In dem Logbuch im Shelter schreibt jeder Wanderer seine Sünden auf, die er im Laufe des Trails bisher begangen hat, und bittet um Vergebung.

Nun folgt eine der anstrengendsten Passagen des AT. Hat man die gut 950 Höhenmeter hoch zu „The Priest" hinter sich, geht es sofort einem ebenso hohen und steilen Anstieg auf Three Ridges Mountain entgegen. Glücklicherweise entschädigen sehr schöne Ausblicke sowohl beim Ab- als auch beim Anstieg für die Plackerei. Kurz nach dem Gipfel von Three Ridges Mountain kann man vom Hanging-Rock-Ausblick beide Berge rückblickend betrachten. Am Maupin Field Shelter an Milemarker 840,5 führt eine Straße ins 1,7 Meilen in westlicher Richtung entfernte Royal Oaks Hostel.

🛏 Royal Oaks Hostel, 45 Royal Oaks Lane, Lyndhurst, VA 22952, ☎ (+1)54 09 43 76 25, 🖥 www.vacabins.com, ✉ royaloaksresort@gmail.com, privater Raum Mo-Do $ 60, Fr-So $ 85 für zwei Personen, Zelten $ 20 für zwei Personen, Shuttles sind auf Anfrage vorhanden. Ein kleines Geschäft bietet nebenan Möglichkeiten zum Einkaufen.

Ausblick von Three Ridges auf The Priest, VA

   Die darauffolgenden 10 Meilen sind relativ eben auf dem Bergkamm zu bewältigen. Auch hier bieten sich einige Aussichtspunkte. Nachdem Sie den Humpback Mountain als höchsten Punkt überwunden haben, folgt ein gemächlicher Abstieg von der Bergkette, der über 10 Meilen nur gut 600 Höhenmeter hinabführt. Am tiefsten Punkt befindet sich die Rockfish Gap (Milemarker 861,3), ab der auch der Shenandoah National Park (SNP) beginnt. Hier kann man über die US 250 ins 3,7 Meilen entfernte Waynesboro, VA gelangen.

☛   Grace Hiker Hostel, 500 S Wayne Ave, Waynesboro, VA 22980, ☎ (+1)54 09 49 61 71, 🖥 www.gracewaynesboro.com, kostenlose Unterkunft mit der Bitte um Spenden. Die Unterkunft in einem Schlafsaal wird von der Lutheranischen Kirche organisiert und ist von Mitte Mai bis Mitte Juni geöffnet. Es sind Duschen und WLAN vorhanden. In einem Aufenthaltsraum gibt es ein TV-Gerät und eine kleine Küche. Jeden Donnerstag gibt es am Abend ein kostenloses Abendessen für alle Wanderer.

Für den Shenandoah National Park braucht jeder Wanderer bzw. jede Wandergruppe eine Registrierung. Diese ist kostenlos und kann ohne Probleme am Eingang zum Park ausgefüllt werden.

Der Skyline Drive, ein Teil des Blue Ridge Parkways, durchquert den Shenandoah National Park auf 105 Meilen und bietet 75 Aussichtspunkte über den Nationalpark. Der Skyline Drive wurde ab 1931 abschnittsweise immer wieder erweitert, um vor allem der Stadtbevölkerung einen Einblick in die Natur der Blue Ridge Mountains zu gewähren.

Die insgesamt 101 Meilen des AT durch den SNP bestehen aus mehreren kürzeren Auf- und Abstiegen, wobei die höchste Steigung nur gut 500 Höhenmeter beträgt. Der SNP beginnt mit einem gemächlichen Aufstieg auf den Little Calf Mountain, von dem aus sich die erste Aussichtsmöglichkeit bietet. 4 Meilen weiter, wenn der AT das zweite Mal den Skyline Drive überquert, gibt es einen Aussichtspunkt für Autofahrer.

Die Aussichtspunkte für die Autofahrer auf dem Skyline Drive sind meistens kleine Ausbuchtungen am Straßenrand, bei denen viel Wald für eine Aussicht gerodet wurde. Der AT führt um die Mehrzahl der Aussichtspunkte herum und verläuft größtenteils nur durch Wald.

Auf den nächsten 13 Meilen führt der AT an sieben Parkplätzen vorbei, die zwar nicht unbedingt eine Aussicht bieten, dafür aber ausreichend Picknicktische, um eine Pause einzulegen, wobei die Anstrengung sich durch den relativ ebenen Verlauf des Weges in Grenzen hält. An Milemarker 888,1 können diejenigen, die nicht in den Sheltern übernachten oder wild zelten wollen, in den ersten der vier Campingplätze im SNP einkehren.

⚠   Loft Mountain Campground, Crozet, VA 22932, ☏ (+1)43 48 23 46 75, Campingplatz für bis zu vier Personen $ 15. Duschen und eine Möglichkeit zum Einkaufen im Campinggeschäft sind vorhanden.

Weiter führt der Trail immer wieder über Anhöhen mit Anstiegen von ca. 100 Höhenmetern. Dabei ähneln die folgenden Meilen sehr den vorangegangenen, da der Weg meistens durch den Wald führt und die Ausblicke nur von den Parkbuchten aus zu betrachten sind. An Milemarker 906,8 führt der Trail in der Swift Run Gap erneut über den Skyline Drive und man hat die Möglichkeit, von hier aus in die 6,4 Meilen entfernte Stadt Elkton, VA zu fahren. Wer noch 10 Meilen weiter dem Trail folgt, der kann auf dem nächsten Campingplatz (Milemarker 915,1) sein Nachtlager aufschlagen

⚠   Lewis Mountain Campground, Skyline Dr, Stanardsville, VA 22973, ☏ (+1)54 09 99 35 00, Platz für bis zu vier Personen $ 15. Duschen sind vorhanden.

8 Meilen weiter gelangen Sie zum Big-Meadows-Campingplatz. Eine halbe Meile davor gibt es ein kleines Restaurant, in dem man sowohl eine gute Mahlzeit zu sich nehmen als auch Kleinigkeiten zum Essen und Trinken zum Mitnehmen kaufen kann. Auf dem AT, der im SNP als sehr gut ausgebauter Fußgängerweg zu bewandern ist, geht es in einem sehr angenehmen, kurzen Anstieg am höchsten Punkt des SNP, der Spitze des Stony Man, vorbei (Milemarker 932,3). Wer diesen besteigen will, muss einen nur 0,2 Meilen langen Nebenweg gehen und wird mit der schönsten Aussicht des ganzen SNP über Virginia belohnt. Nach dem Gipfel folgt der Weg noch den Stony-Man-Klippen, die ebenfalls einen schönen Ausblick bieten. An Milemarker 941,4 kann man in der Thornton Gap nach Luray, VA fahren, das 9 Meilen in westlicher Richtung liegt, um eine überdachte Unterkunft zu erreichen.

🛏   Brookside Cabins & Restaurant, 2978 US Highway 211 East, Luray, VA 22835, ☏ (+1)54 07 43 56 98, 🖥 www.brooksidecabins.com, Hütten kosten $ 85-200 je nach Größe und Personenanzahl, 2-6 Personen sind möglich, ein Restaurant gehört zur Anlage dazu. Es stehen 12 verschiedene Hütten zur Auswahl. Diese sind u. a. mit Küche und Whirlpool ausgestattet.

Die letzten Meilen im SNP bieten noch eine Vielzahl an den zuvor beschriebenen Ausblicken von den jeweiligen Parkbuchten. Der 10 Meilen von der Thornton Gap entfernte Anstieg auf den Hogback-Aussichtspunkt ist der höchste Anstieg im Park. Die letzten 13 Meilen im SNP bieten wenig Spektakuläres und führen langsam in das Tal hinab. Vom Ende des SNP (Milemarker 965,5) sind es nur noch 4,6 Meilen hinab bis zur US 522, von der man nach Front Royal, VA gelangen kann.

🛏 Quality Inn, Front Royal, VA, 10 Commerce Avenue, Front Royal, VA 2260, ☎ (+1)54 06 35 31 61, 💻 www.qualityinn-frontroyal.com, ✉ qualityinnfr@gmail.com, Doppelzimmer $ 67, bis zu 4 Personen möglich, dritte und vierte Person kosten jeweils $ 10, Pool ist vorhanden. Frühstück ist inklusive. Kostenloser Shuttle am Morgen zum Trail bei Bedarf möglich. Tiere kosten $ 15.

Der nächste Flughafen liegt in Dulles, VA. Ein weiterer Flughafen in der Nähe ist der Ronald-Reagan-Flughafen in Washington, D.C., der auch nur 70 Meilen von Front Royal, VA entfernt ist. Um einen der Flughäfen zu erreichen, muss man einfach dem Highway 66 in östlicher Richtung folgen. Hier reist man am einfachsten mit einem der Busanbieter (Bts Dominion Charter, 311 Duncan Ave, Front Royal, VA 22630, ☎ (+1)54 06 36 61 48).

Je nach Übernachtungsstandort bieten sich auch andere Busunternehmen mit unterschiedlichen Abfahrtsorten an.

Etappe 6: Front Royal, VA – Duncannon, PA

➲ 177,5 Meilen/285,7 km
⧗ ca. 2 Wochen
⇧ 84-622 m
↑↓ 9.083 m/9.272 m

Diese Etappe führt Sie durch vier Staaten. Von Virginia geht es über West Virginia und Maryland bis nach Pennsylvania. Das Gelände wird hierbei zunehmend flacher, wobei sehr viele kleinere Hügel überwunden werden müssen. Auf dem Weg liegen u. a. der „Halfway point", die Halbzeit des AT, und das ATC-Hauptquartier in Harper's Ferry und man hat die Möglichkeit, einen Abstecher nach Washington, D.C. zu unternehmen.

Um aus dem Tal, in dem die US 522 entlangläuft, wieder herauszukommen,
steht Ihnen ein knapp 300 Höhenmeter hoher Anstieg bevor. Wenn Sie diesen

nach 2 Meilen gemeistert haben, passieren Sie das Jim & Molly Denton Shelter (Milemarker 974,3). Hier gibt es Stühle und Bänke zum Ausruhen, außerdem eine Solardusche und ein Feld zum Hufeisenwerfen. Weiter auf dem Trail gelangen Sie in die Manassas Gap.

Von hier aus können Sie einen Abstecher ins gut 1 Meile entfernte Apple House Restaurant unternehmen. Aus dem Tal heraus stehen Sie nun auch schon vor dem höchsten Anstieg der Etappe. Dieser beträgt aber lediglich knapp 350 Höhenmeter. An Milemarker 986,6 passieren Sie das Sky-Meadows-State-Park-Besucherzentrum, bei dem es möglich ist, für $ 9 zu zelten und sich mit kleinen Erfrischungen auszustatten.

Von hier sind es relativ ebene 6,5 Meilen bis zum „Roller Coaster" des AT. Auf den folgenden 13,5 Meilen warten 10 Hügel, die zwar im Anstieg nur ca. 100 Höhenmeter aufweisen, es aber dennoch in sich haben! Nach der Hälfte der Hügel gelangt man an einen unscheinbar wirkenden, aber dennoch sehr bedeutsamen Punkt. Sie beschreiten die 1.000. Meile auf dem AT – nur durch ein kleines Holzschild an einem Baum gekennzeichnet.

Wem der „Roller Coaster" an einem Tag zu viel erscheint, der kann kurz vor seinem Ende im Bears Den Hostel (Milemarker 1.002.6) noch eine Pause einlegen.

🛏 Bears Den Hostel, 18393 Blue Ridge Mountain Rd, Bluemont, VA 20135,
☎ (+1)54 05 54 87 08, 🖥 www.bearsdencenter.org, ✉ info@bearsdencenter.org,
Schlafsaal $ 20 p. P., Zelten $ 12 p. P. Dieses Hostel wird von der ATC geleitet. Hier bekommen AT-Wanderer auch ein Hiker Special. Für $ 30 gibt es einen Platz im Schlafsaal, die Möglichkeit zum Wäschewaschen, eine Pizza mit einem Getränk und einen Becher Ben&Jerry's-Eiscreme. Es gibt eine kleine Einkaufsmöglichkeit im Hostel. Im Sommer wird je nach Nachfrage ein Shuttledienst bzw. Slackpacking angeboten.

1 Meile vor Ende des „Roller Coaster" überqueren Sie die erste Staatsgrenze dieses Abschnittes und betreten bei Meile 1.005,7 zum ersten Mal den Staat West Virginia, allerdings nur kurz, kommt man auf den nächsten Meilen doch schon wieder zurück nach Virginia. Haben Sie den letzten Hügel des „Roller Coaster" überwunden, führt der Weg für die nächsten 15 Meilen sehr eben auf den Bergkämmen im Wald entlang.

Nach dem Abstieg in das Tal des Shenandoah River verlassen Sie Virginia zum letzten Mal (Milemarker 1.020,7).

An diesem Punkt beginnt eine sehr anspruchsvolle Herausforderung für diejenigen, die an die persönlichen Grenzen gehen wollen. Ab hier kann man zur „Four State Challenge" antreten. Das bedeutet, dass man innerhalb von 24 Stunden von der Staatsgrenze von Virginia über West Virginia und Maryland bis zur Grenze nach Pennsylvania läuft. Diese Strecke beträgt 42,9 Meilen!

Den Fluss überqueren Sie auf einem Fußgängerweg neben der US 340, an der an dieser Stelle Trampen verboten ist. Nun führt der Trail durch das Städtchen Harper's Ferry, das genau an dem Zusammenfluss von Shenandoah River und Potomac River liegt. Hier sollten Sie unbedingt bei Milemarker 1.022,5 die 0,2 Meilen bis zum Hauptquartier der ATC gehen. Hier kann man ein offizielles Foto bei der ungefähren Hälfte des AT machen. Außerdem hilft die kostenlose Registrierung vor Ort der ATC für die Planung für den Trail, um einen ungefähren Überblick über die Anzahl der Wanderer zu bekommen. Es bieten sich mehrere besonders auf Wanderer abgestimmte Übernachtungsmöglichkeiten – in der Stadt.

🖎   Tea Horse Hostel, 1312 Washington St., Harpers Ferry, WV 25425, ☎ (+1)30 45 35 68 48, 🖥 www.teahorsehostel.com, ✉ teahorsewv@yahoo.com, Schlafsaal $ 33 inkl. Waffelfrühstück, Wäschewaschen kostet $ 6. Shuttles sind von der Thornton Gap bis Duncannon, PA verfügbar. Tiere, Alkohol und Rauchen sind im Hostel verboten.

In der Altstadt von Harper´s Ferry wird die Erinnerung an den Amerikanischen Bürgerkrieg (1861-1865) lebendig gehalten. Das heute knapp 300 Einwohner zählende Städtchen spielte damals eine strategisch wichtige Rolle und wechselte im Verlauf des Krieges zwölf Mal die Seiten. Genaueres zu seiner Geschichte erfahren Sie in den Museen vor Ort.

Wem nach einem Abstecher in die Hauptstadt der USA, Washington, D.C., ist, der fährt am einfachsten von Harper´s Ferry mit dem Zug dorthin. Die Fahrt dauert nur 1 Std. 40 Min. und kostet $ 17, wenn man mit Kreditkarte bezahlt.

Washington, D.C. bietet neben vielen kostenlosen und sehr aktuellen Museen wie dem Luft- und Raumfahrt-Museum, dem Holocaust-Museum oder dem Naturgeschichtlichen Museum auch die wichtigsten Politikgebäude des Landes.

Haben Sie die Altstadt von Harper's Ferry verlassen, überqueren Sie den Potomac River und damit auch die Grenze von West Virginia nach Maryland. Für

Steiniger Wegabschnitt in Maryland

3 Meilen läuft der Trail direkt neben dem Fluss. Danach erklimmen Sie einen ca. 250 Meter höher gelegenen Hügel und folgen seinem Kammverlauf 10 Meilen. An dessen Ende genießen Sie auf den White-Rock-Klippen ein paar schöne Aussichtspunkte. Nach einem kurzen Abstieg kommt man in den Washington Monument State Park (Milemarker 1.042,2). Hier laden die Picknicktische und der Ausblick vom Washington Monument auf der Spitze des Berges zu einer kurzen Rast ein.

Die folgenden knapp 12 Meilen verlaufen relativ unspektakulär im Wald auf dem Kamm entlang, bis Sie die Wolfsville Road überqueren. Von dort aus kann man ins 1,5 Meilen entfernte Smithsburg, MD gelangen, wo es vorrangig Restaurants gibt. Auf dem Trail bieten die letzten 10 Meilen in Maryland noch einige Herausforderungen. Es gilt, viele kleinere und zum Teil steinige und steile Hügel zu überwinden, bevor Sie an Milemarker 1.064,0 die Grenze zu Pennsylvania überschreiten. Hier gibt es auch die Möglichkeit, nach Waynesboro, PA, das sich 2 Meilen in westlicher Richtung befindet, zu gelangen, um zu übernachten oder Lebensmittel einzukaufen.

☛   Cobblestone Hotel, 12695 Washington Township Blvd., Waynesboro, PA 17268,
☎ (+1)71 77 65 00 34, 🖥 www.staycobblestone.com,
✉ waynesboro@staycobblestone.com, Doppelzimmer ab $ 80 aufwärts inklusive
warmem Frühstück. Es gibt einen Indoorpool. Tiere sind erlaubt.

Weiter führt der Trail über mehrere kleinere Hügel, bis Sie nach knapp 5 Meilen in Pennsylvania das erste einer Reihe von Sheltern erreichen. Hier sind – sehr unüblich für den AT – gleich 3 Shelter innerhalb von nicht einmal 4 Meilen zu finden. Nach dem letzten dieser Shelter kommt es dann zu einem Anstieg, der gut 300 Höhenmeter aufweist. Oben angekommen kann man von den Chimney Rocks die Aussicht genießen. Nachdem Sie den Bergkamm langsam verlassen haben, überqueren Sie die PA 233 (Milemarker 1.077,3), auf der man ins 1 Meile entfernte South Mountain, PA gelangen kann. Hier gibt es allerdings nicht viel mehr als eine Taverne und eine Poststelle.

Ab ungefähr diesem Teil der Strecke muss man vor allem in Pennsylvania, New Jersey und New York in den Sommermonaten Juni, Juli und August damit rechnen, dass einige der Wasserquellen ausgetrocknet sind. Daher empfiehlt es sich, etwas mehr Wasser mitzutragen und von Fluss zu Fluss zu planen und die kleineren Bäche nicht in die Planung mit einzubeziehen. An manchen Stellen des AT gibt es in diesen Staaten als Trailmagic Wasserkanister am Wegesrand.

Die darauffolgenden Meilen sind relativ unspektakulär, da es keine nennenswerten Steigungen oder Berge gibt und daher auch keine Aussichtsmöglichkeiten vorhanden sind. Dafür kann man sich an den schönen Wäldern Pennsylvanias erfreuen. Bei Meile 1.094,5 haben Sie die Hälfte des AT bewältigt. Der exakte Punkt für die Halbzeit verändert sich von Jahr zu Jahr um einige Meter, da es immer wieder kleine Veränderungen in der Streckenführung gibt und sich daher auch die Gesamtstrecke verändert. So ist die Strecke seit 1937 von 2.038 Meilen auf 2.189,1 Meilen im Jahr 2016 angestiegen.

Nun sind nur noch 7 Meilen weiter zu laufen, um die nächste Herausforderung auf dem AT anzugehen: die „half gallon challenge" im Pine Grove Furnance State Park.

Bei der „half gallon challenge" gilt es, im Pine-Grove-Lebensmittelgeschäft eine halbe Gallone Eiscreme zu essen. Das sind ca. 1,9 Liter! Wer diese Herausforderung schafft, wird mit einem Eisstiel als Andenken beschenkt.

Neben der Herausforderung kann man in Pine Grove auch das AT Museum besuchen (⌨ www.atmuseum.org) und im Hostel übernachten.

Ironmasters Mansion Hostel, 1212 Pine Grove Rd, Gardners, PA 17324, ☎ (+1)71 74 86 41 08, ✉ ironmasterspinegrove@gmail.com, Schlafsaal $ 25 inkl. Frühstück, für $ 5 mehr bekommt man abends Pizza. Das Hostel ist von April bis Oktober geöffnet.

Nur 0,5 Meilen hinter Pine Grove befindet sich der Fuller-See, der auch bei Einheimischen sehr beliebt ist und zu einem erfrischenden Bad einlädt. Weiter geht es wieder durch den Wald auf immer weiter sinkendem Niveau über Meeresspiegel. Ausblicke sucht man hier vergeblich. 8 Meilen nach dem Fuller See kann man bei Milemarker 1.110,2 die 0,2 Meilen Umweg in Kauf nehmen, um in einem kleinen Bistro, dem Green Mountain Store, eine warme Mahlzeit zu sich zu nehmen.

Weiter geht es dann über kleinere Anstiege, die allerdings keine Aussichtsmöglichkeiten bieten, da sich das gesamte Gebiet im Wald befindet. Einen sehr guten Schnappschuss kann man jedoch bei Milemarker 1.118,0 bekommen. Hier liegt der ursprüngliche Mittelpunkt des AT (der südliche Streckenabschnitt war

Trailverlauf entlang eines Weidezaunes in Pennsylvania

damals deutlich kürzer), der durch einen verzierten Wegweiser gekennzeichnet ist. Von hier aus ist es noch ein kurzer Abstieg über 150 Höhenmeter hinunter nach Boiling Springs, PA (Milemarker 1.121,0). Der Trail führt direkt an der Hauptstraße durch die Stadt. Gleich am Stadtanfang gibt es die Möglichkeit, kostenlos zu zelten und die kostenlosen Duschen dort zu genießen. Wem eher nach einem Bett ist, der kann eine der zahlreichen Übernachtungsmöglichkeiten nutzen.

☛ Allenberry Resort Inn & Playhouse, 1559 Boiling Springs Rd, Boiling Springs, PA 17007, ☎ (+1)80 04 30 54 68, 💻 www.allenberry.com, ✉ info@allenberry.com, Doppelzimmer $ 80. Restaurant und Bar sind im Hostel vorhanden. Das kleine Lebensmittelgeschäft hat 7 Tage die Woche geöffnet. Pool. Für $ 10 kann man die Theatervorstellung genießen. Wäsche waschen kostet $ 4.

Die nächsten 13 Meilen werden sehr untypisch für den AT sein, denn nachdem man Boiling Springs, PA verlassen hat, geht es an Feldern vorbei und man hat freie Sicht auf die umliegende Landschaft. Auf diesem Abschnitt sind nur insgesamt ca. 30 Höhenmeter zu überwinden. Danach kommt es zu einem 150 Meter hohen Anstieg auf einen Hügel, von dem aus der Weg wieder durch die Waldlandschaft Pennsylvanias führt. Es geht nun entlang des Hügelkammes bis zum Hawk Rock. Von diesem haben Sie einen herrlichen Blick auf das Tal, in dem Duncannon, PA liegt, und den großen Susquehanna River. Nun gilt es nur noch, den zum Teil sehr steilen Abstieg nach Duncannon, PA, das bei Milemarker 1.146.6 liegt, zu meistern, um wieder ein wenig Stadtleben genießen zu können.

☛ Doyle Hotel, 7 North Market Street, Duncannon, PA 17020, ☎ (+1)71 78 34 67 89, Schlafsaal $ 25, Doppelzimmer $ 35. Das Doyle Hostel ist eines der bekanntesten Hostels mit langer Tradition und Geschichte am AT. Wem der etwas heruntergekommene Zustand innen und außen nichts ausmacht, kann sich auf große Wanderergesellschaft und gutes selbst gekochtes Essen freuen. Außerdem befindet sich eine Bar im Hostel.

Der nächstgelegene Flughafen ist der internationale Flughafen in Harrisburg (💻 www.flyhia.com). Dieser befindet sich nur 20 Meilen entfernt in südöstlicher Richtung und ist sehr einfach über die US 22 bzw. die US 15 zu erreichen. Die Strecke kostet mit dem Taxi etwa $ 30-40. Einer der Taxiservices ist Nana Taxi Services (☎ (+1)71 75 57 37 14, 💻 www.taxiharrisburgpa.com).

Etappe 7:
Duncannon, PA – Fort Montgomery, NY

↻   256,6 Meilen/413 km
⧗   ca. 2 Wochen
⇧   54-518 m
↑ ↓   11.905 m/11.936 m

Der von der Meilenanzahl längste Abschnitt in diesem Buch führt zunächst durch Pennsylvania und zeigt weiter, wieso man es auch „Rocksylvania" nennt. Es folgt der Abschnitt durch New Jersey und man endet im Bundesstaat New York, von wo aus man einen Abstecher in die Stadt New York City unternehmen kann. Nebenbei wird der tiefste Punkt des Trails in einem Zoo durchlaufen.

Es fühlt sich beinahe ein wenig merkwürdig an, dass man 1,5 Meilen am Stück auf befestigten Straßen durch Duncannon, PA laufen darf. Am Ende der Stadt überqueren Sie auf einer langen Brücke den Juniata River und den Susquehanna River. Nach der Brücke überqueren Sie nur noch eine Straße und die Bahngleise und schon laufen Sie wieder auf kleinen Waldwegen. Hier gilt es auch gleich einen steileren Anstieg über knapp 250 Höhenmeter zu überwinden.

Nun verläuft der AT für die nächsten 13 Meilen den Bergkamm entlang. Es sind zwar kaum Höhenmeter zu überwinden, jedoch wird der Trailuntergrund im Verlauf des Weges immer steiniger und so ist es kaum möglich, ein zum vorherigen Weg vergleichbares Lauftempo zu halten. Man sollte sehr vorsichtig bei der Begehung der Steine sein und entsprechend stabiles Schuhwerk tragen, um sich nicht zu verletzen.

Auf dem Weg bis zum nächsten kleinen Tal bieten sich nicht nur anstrengende Geröllpassagen, sondern es gibt auch Ausblicke wie am Table Rock (Milemarker 1.156,7) oder am Kinter View (Milemarker 1.160,3). Nach dem kurzen Abstieg über ca. 200 Höhenmeter ins Tal finden sich hier ein paar Quellen, bevor es in etwa dieselbe Höhenmeteranzahl wieder bergauf zu überwinden gilt. Die darauffolgenden 10 Meilen verlaufen wieder unspektakulär durch Wälder und auf Steinen den Bergkamm entlang. Nun muss man nur noch die 150 Höhenmeter über den Second Mountain auf- und wieder absteigen, um zur PA 72 (Milemarker 1.181,7) zu gelangen. Von dort aus kann man das 2,1 Meilen in östlicher Richtung gelegene Lickdale, PA erreichen, wo es auch Übernachtungsmöglichkeiten gibt.

🛏️   Comfort Inn, 16 Marsanna Lane, Jonestown, PA, 17038, ☎ (+1)71 78 65 80 80, Doppelzimmer ab $ 60, kostenloses kontinentales Frühstück. Outdoorpool. Für $ 25 kann man Tiere mit ins Zimmer nehmen. Auf Anfrage gibt es Shuttles zum Trail und zurück.

Wem nach einer komfortablen Übernachtungsmöglichkeit auf dem AT ist, der muss noch 12,4 Meilen weiter laufen. Zunächst geht es dabei knapp 300 Höhenmeter auf den nächsten Bergkamm, um dann auf diesem wieder ebener weiterzulaufen. Bei Milemarker 1.193,1 kommen Sie am 501 Shelter vorbei, das sich nur 0,1 Meilen westlich vom Trail befindet.

⛺   501 Shelter, großzügiges Shelter mit Sitzgelegenheiten davor und innerhalb mit solarbetriebener Dusche. Per Lieferdienst kann man sich Pizza oder Ähnliches bis ans Shelter liefern lassen.

Hat man die Übernachtungsmöglichkeit oder zumindest die Duschmöglichkeit genutzt und befindet sich wieder auf dem Trail, sind auf den nachfolgenden Meilen kaum Höhenmeter zu überwinden. Alle paar Meilen bietet sich ein Ausblick aus den Wäldern Pennsylvanias heraus. Dies zieht sich so lange hin, bis bei

Milemarker 1.217,2 der kurze, aber sehr steile Abstieg hinunter nach Port Clinton, PA ansteht. Hier führt der Trail direkt durch die Stadt, in der es mehrere Übernachtungs- und Einkaufsmöglichkeiten gibt. Einen Stopp sollte man im Friseurladen machen: Auch wenn man keine neue Frisur benötigt, bekommt man in dem im 50er-Jahre-Stil eingerichteten Laden kostenlos Kaffee und Kekse.

🛏️   Port Clinton Hotel, 231 Center Street (Route 61), Port Clinton, PA 19549, ☎ (+1)61 05 62 33 54, 🖥️ www.portclintonhotel.net. Preise sind nur auf Nachfrage verfügbar und jeweils abhängig von Saison und Belegung. Das Restaurant im Hotel hat Do-So geöffnet. Eine Möglichkeit zum Wäschewaschen ist vorhanden.

Wem nach einer etwas größeren Stadt ist oder wer ein großes Outdoor-Geschäft braucht, der sollte die 1,7 Meilen nach Hamburg, PA zurücklegen.

Im nächsten Streckenabschnitt gilt es wieder einige Höhenmeter zu überwinden. Direkt nach dem Verlassen von Port Clinton, PA geht es ca. 200 Höhenmeter auf den nächsten Bergkamm hinauf. Hier erwarten Sie immer wieder kleinere, steinige An- und Abstiege entlang des Trails, für die Sie aber mit einigen spektakulären Ausblicken belohnt werden. An Milemarker 1.224,5 gelangen Sie zum Pulpit Rock, von dem aus man das ganze Tal und die gegenüberliegende Bergkette überblicken kann. Gleich 2 Meilen weiter bietet sich ein mindestens genauso beeindruckender Ausblick auf „The Pinnacle".

Nach einem nicht sehr steil verlaufenden Abstieg von der Bergkette und dem Durchqueren eines Tales geht es knapp 250 Höhenmeter hinauf auf die nächste Bergkette. Hier verläuft der Weg zwar vom Höhenprofil recht eben, ist aber sehr steinig. Bei Milemarker 1.243,5 bietet sich eine Übernachtungsmöglichkeit in einem B&B.

🛏️   Blue Mountain Summit B&B, 2520 W Penn Pike, Andreas, PA, ☎ (+1)57 03 86 20 03, 🖥️ www.bluemountainsummit.com, ✉️ chef@ptd.net. Doppelzimmer $ 95-125. Frühstück inkl. Ein Restaurant ist im B&B vorhanden. Auf Nachfrage ist es auch möglich, Shuttles zu bestellen.

Nur 3 Meilen weiter auf dem Trail kommen Sie an zwei weiteren schönen Aussichtspunkten, dem Knife Edge und dem Bear Rock, vorbei. Wenn man den Bergkamm in einem kurzen Abstieg ins Tal verlässt, bietet sich die Möglichkeit, an Milemarker 1.257,3 auf der PA 248 nach Walnutport, PA (2 Meilen östlich) oder nach Palmertown, PA (1,5 Meilen westlich) zu gelangen. Allerdings ist die

Kennzeichnung, dass die Wasserquelle ausgetrocknet ist, in Pennsylvania

PA 248 eine sehr befahrene Straße und es wird empfohlen, noch 5 Meilen weiter auf dem AT zu wandern, bis man an die Little Gap Road gelangt. Von dort aus kann man das 1,5 Meilen entfernte Danielsville, PA einfacher erreichen.

🛏   Filbert B&B, 3740 Filbert Dr, Danielsville, PA 18038, ☎ (+1)61 04 28 33 00,
      🖳 www.filbertbnb.com. Einzelzimmer $ 100, Doppelzimmer $ 150, Frühstück inkl.
      Klimaanlage ist in den Räumen vorhanden. Shuttles von diversen Abholpunkten kön-
      nen auf Nachfrage vereinbart werden.

Weiter auf dem Trail muss man genau auf die eingezeichneten Wasserquellen achten, die auf den nächsten 30 Meilen nur spärlich vorhanden sind. Glücklicherweise ist die Beschaffenheit des Trails gegen Ende von Pennsylvania weniger steinig und man kann die Meilen relativ zügig laufen, da auch das Höhenprofil keine große Herausforderung bietet. So rar wie die Wasserquellen in diesem Bereich sind, sind leider auch die Aussichtsmöglichkeiten. Daher bekommt man außer Bäumen nicht sehr viel zu sehen. Nach 15 Meilen durchqueren Sie ein kleines Tal, das jedoch auch nur knapp 150 Höhenmeter Differenz aufweist, ehe Sie

erneut auf den nächsten Bergkamm steigen. Auf diesem kann man dann die letzten Meilen in Pennsylvania genießen, denn ab Milemarker 1.284,3 bieten sich wieder ein paar kleinere Ausblicke. Danach geht es gute 350 Höhenmeter hinunter nach Delaware Water Gap, PA, durch das der Trail direkt hindurchführt.

🖐 Church of the Mountain Hiker Center, Main Street and Church Lane, Delaware Water Gap, PA 18327, ☎ (+1)57 04 76 03 45, 🖥 www.churchofthemountain.org. Kostenlose Unterkunft der Presbyterianischen Kirche. Spenden sind erwünscht. Die Unterkunft befindet sich in einem Schlafsaal. Duschen sind vorhanden. Die maximale Aufenthaltszeit beträgt zwei Tage. Auf dem Kirchengelände gilt striktes Alkoholverbot.

Die Grenze zum Bundesstaat New Jersey überschreiten Sie mit der Überquerung der Delaware River Bridge. In der Mitte der Brücke ist die Staatsgrenze eingezeichnet. Ab diesem Streckenabschnitt sind Wasserquellen vorerst wieder zur Genüge vorhanden. Nach dem Verlassen der Brücke haben Sie am Kittatinny-Besucherzentrum die Möglichkeit, Ihre Wasservorräte aufzufüllen, oder Sie folgen einfach dem Trail, der 5 Meilen entlang eines Baches verläuft. Beim Anstieg entlang des Baches gilt es etwa 300 Höhenmeter zu überwinden. Diese sind jedoch entspannt zu gehen, da die Wege in diesem Bereich sehr gut ausgebaut und auch für Tagesausflügler geeignet sind.

Nach dem Anstieg kann man sich vom Kittatinny Mountain aus an der Aussicht erfreuen. Knapp 2,5 Meilen weiter besteht die Möglichkeit, sich im 0,3 Meilen entfernten Mohican Outdoor Center (✍ www.outdoors.org/lodging/mohican) neu auszurüsten. Im weiteren Verlauf des Trails finden sich immer wieder Möglichkeiten, die Aussicht zu genießen, wobei es dem Höhenprofil nach relativ eben weitergeht. Es sind nur kleinere Hügel mit weniger 100 Höhenmetern Unterschied zu überwandern. An Milemarker 1.321,4 überqueren Sie die US 206, von der aus man in das 3,4 Meilen östlich gelegene Branchville, NJ gelangen kann. Dort gibt es diverse Einkehr- und auch Übernachtungsmöglichkeiten.

🛏 Stokes State Park, 1 Coursen Rd, Branchville, NJ 07826, ☎ (+1)97 39 48 38 20. Zelten für 1-6 Personen $ 25, privater Raum $ 65. Die Zeltplätze befinden sich 2 Meilen abseits des Trails und die Räume nochmals 2 Meilen weiter weg, wenn man von der US 206 aus dorthin gelangt. Folgt man dem AT weiter, kann man an Milemarker 1.324,3 in 0,1 Meilen den Stony Lake erreichen. Kostenlose Duschen und eine kleine Snackbar sind am Stony Lake, der an die Anlage angrenzt, vorhanden.

Staatsgrenze PA/NJ auf dem Gehweg über die Delaware River Bridge

Bringt man 3 weitere Meilen auf dem Trail hinter sich, hat man die Möglichkeit, am Stony Lake kostenlos zu duschen und eine Abkühlung im See zu genießen. Dazu muss man nur die 0,1 Meilen auf dem Stony Brook Trail zum See laufen.

Von nun an beginnt die Strecke etwas hügeliger zu werden. Es gilt, Dutzende kleinere Anstiege über Hügel mit weniger als 100 Höhenmetern zu bewältigen. Dies wird die zurückgelegte Strecke pro Tag ein wenig reduzieren, da es kaum möglich ist, zügig zu laufen. Den höchsten Punkt des Trails in New Jersey erreicht man bei Milemarker 1.335,7. Hier befinden sich auch zwei Aussichtstürme, von denen man die Waldlandschaft New Jerseys und New Yorks überblicken kann. Nach dem höchsten Punkt verläuft das Level des Weges stetig niedriger. Befindet man sich am höchsten Punkt noch auf ca. 520 m über dem Meeresspiegel, sind es 10 Meilen weiter nur noch 120 m. Dieser stetige Abstieg bleibt jedoch genauso hügelig wie die Meilen zuvor.

Ab Milemarker 1.346,8 verläuft der Weg dann für 3 Meilen auf einem ebenen Weg um einen See herum, ehe es dann wieder über etliche kleinere Hügel stetig nach oben geht. Allerdings bieten sich von Zeit zu Zeit auf diesen Hügeln auch Ausblicke. Einen sehr schönen hat man gleich auf dem ersten Hügel, dem Pochuck Mountain. Nachdem Sie ein paar Parkplätze entlang des Weges passiert haben, haben Sie die Möglichkeit, an Milemarker 1.356,3 an der NJ 94 in das 2,4 Meilen östlich gelegene Vernon, NJ zu gelangen.

🖙   Appalachian Motel, 367 Route 94, Vernon, NJ 07462, ☎ (+1)97 37 64 60 70,
      🖳 www.appalachianmotel.com. Doppelzimmer $ 70-110. Nach Vereinbarung sind
      kostenlose Shuttles vom Trail zum Motel und zurück möglich.

Immer öfter überqueren Sie nun Straßen und schneiden Parkplätze entlang des Trails. Hier bestehen natürlich auch immer wieder Möglichkeiten, in Städte zu gelangen. Ansonsten ändert sich vorerst nichts an der Beschaffenheit und dem Anspruch des Trails. An Milemarker 1.365,4 verlasen Sie schon den Bundesstaat New Jersey und gelangen in den neunten Bundesstaat New York. Nicht mal eine halbe Meile nach der Bundesstaatengrenze stehen Sie auch schon auf dem höchsten Punkt des Trails in New York, von dem aus man den Greenwood Lake betrachten kann. Die darauffolgenden 6 Meilen sind etwas einfacher zu laufen, da man entlang des Bergkammes läuft und dieser nicht mit kleinen Hügeln gespickt ist. An Milemarker 1.371,3 bietet sich eine Übernachtungsmöglichkeit 2 Meilen östlich des Trails.

Ausblick über die Waldlandschaft in New York

🛏 Anton's on the Lake, 7 Waterstone Rd, Greenwood Lake, NY 10925, ☎ (+1)84 54 77 00 10, 💻 www.antonsonthelake.com, ✉ info@antonsonthelake.com. Doppelzimmer $ 80-125 je nach Wochentag. Es gibt eine Mindestaufenthaltszeit von zwei Übernachtungen. Kostenlose Shuttles zum Trail bzw. Shuttles für Slackpacking sind verfügbar. Schwimmen und die Benutzung von Kanus und Paddelbooten sind im anliegenden See möglich. Tiere sind verboten.

Die nachfolgenden Meilen bieten immer wieder Ausblicke, jedoch ist das Gelände wieder anstrengender zu bewandern, da es erneut nur im ständigen Auf- und Ablaufen zu bewältigen ist. Die Wassersituation ist in diesem Teil von New York wieder gut, da es genügend Quellen am Weg gibt. Je näher man Fort Montgomery, NY kommt, desto eher wird man merken, dass der Trail von immer mehr Menschen genutzt wird, vor allem von Tagesausflüglern. Die Aussicht ab Milemarker 1.394,3 verändert sich dahingehend, dass man nun von einzelnen Aussichtspunkten bei gutem Wetter die Skyline von New York City, NY sehen kann. Ein besonders guter Punkt hierfür ist das West Mountain Shelter, das an Milemarker 1.396,2 zwar 0,6 Meilen abseits des Weges liegt und keine Wasserquelle bietet, dafür aber einen schönen Blick auf die Skyline und den Hudson River. 4 Meilen weiter gelangen Sie auf den Bear Mountain, der an schönen Tagen und vor allem an Wochenenden von Besuchern überquillt, da er vor allem für die

Stadtmenschen aus New York City, NY ein beliebtes Ausflugsziel ist. Vom Bear Mountain verläuft der sehr gut ausgebaute Weg nach Fort Montgomery, NY.

In Fort Montgomery, NY wartet auf den Wanderer eine ganz besondere Teilstrecke, denn der AT führt direkt durch einen Zoo. Das Laufen durch den Zoo ist kostenlos und wenn man vor dem Bärengehege steht, befindet man sich gleichzeitig auf dem tiefsten Punkt des AT (38 m über dem Meeresspiegel). Neben dem Zoo gibt es auch kleinere Ausstellungen, die man auf dem Gelände besuchen kann. Auch sind Übernachtungsmöglichkeiten in Fort Montgomery, NY zur Genüge vorhanden.

🛏   Holiday Inn Express, 1106 Route 9 W, Fort Montgomery, NY 10922-0620,
      ☎ (+1)84 54 46 42 77, ✉ rakhilhie@gmail.com. Doppelzimmer $ 120, komplettes Frühstück inkl. Indoorpool und Sauna.

Die Flughafenauswahl um Fort Montgomery, NY ist die günstigste auf dem gesamten Trail, da es sehr einfach ist, nach New York City zu gelangen. Dort bietet sich vor allem der John F. Kennedy Airport zur An- und Abreise an. Diesen erreicht man am einfachsten, wenn man von der Metro Station Manitou in Fort Montgomery, NY für knapp $ 15 zur Central Station fährt. Von dort aus fährt man mit dem Bus über die Jamaica Station bis zum Flughafen (kostet nochmals ca. $ 7 extra).

Etappe 8: Fort Montgomery, NY – Williamstown/North Adams, MA

⟳   189 Meilen/304,2 km
⧗   1-2 Wochen
⇧   61-1.064 m
↑ ↓ 12.166 m/12.020 m

Diese Etappe ist zwar nicht so sehr von steinigem Untergrund geprägt, dafür fordert das beständige Überwinden kleinerer Hügel Ihre Muskeln. Dies betrifft aber nur die Teile in New York und den kurzen Abschnitt durch Connecticut. Sobald man Massachusetts erreicht, werden die Berge seltener, dafür aber auch wieder höher und die Anstiege länger. Vor allem in den New-York-Abschnitten muss man in den Sommermonaten mit ausgetrockneten Wasserquellen rechnen.

Fort Montgomery, NY verlässt man über die Bear Mountain Bridge, die über den Hudson River führt. Auf der anderen Seite wartet auch gleich der nächste Anstieg über 150 Höhenmeter. Wer einen 0,6 Meilen langen Nebenpfad läuft, der kann vom Anthonys-Nose-Aussichtspunkt einen Blick über den Hudson River werfen. Haben Sie die ersten Hügel dann hinter sich gebracht, überqueren Sie die US 9, an der sich direkt am Trail eine kleine Tankstelle befindet. Diese lädt auf einen kleinen Snack ein, ist aber zum Vorräteauffüllen nicht geeignet. Eine halbe Meile weiter passieren Sie das Graymoor Spiritual Life Center. Hier sind die Wanderer gern gesehene Gäste und es besteht die Möglichkeit, eine kostenlose Dusche zu bekommen und auf dem Sportplatz zu zelten. Die nächsten 14 Meilen sind nur durch das ständige Auf- und Absteigen auf diverse Hügel gekennzeichnet. Ausblicke gibt es leider in diesem Abschnitt keine, da der Weg komplett im Wald verläuft. An Milemarker 1.423,4 erreicht man den nächsten offiziellen Zeltplatz.

⌂   Clarence Fahnestock State Park, 1498 Route 301 Carmel, NY 10512, ☎ (+1)84 52 25 72 07, 💻 www.parks.ny.gov/parks/133, Thru-hiker können hier eine Nacht kostenlos übernachten. Den Zeltplatz erreicht man über einen 0,2 Meilen kurzen Nebenweg vom AT. Es sind Duschen vorhanden. An Wochenenden ist der Strand am See geöffnet.

Der Trail führt dann weiter wie gehabt durch die Waldlandschaft New Yorks. Hier gibt es keinen An- oder Abstieg auf einen Hügel mit mehr als 200 Höhenmetern. Da die gesamte Gegend in diesem Bereich des Trails eine sehr hohe Bevölkerungsdichte aufweist, gibt es an Milemarker 1.433,5, an dem man die NY 52 überquert, wieder die Möglichkeit, in eine Stadt bzw. zu einer Tankstelle zu gelangen. Hier stellt sich die Versorgung mit Lebensmitteln recht einfach dar. Allerdings gibt es in den Tankstellen und Minimarkets keine spezielle Wanderausrüstung.

Auch an Milemarker 1.440,7 und 1.445,9 überquert man Straßen, die in nahe gelegene Städte führen. Nach einem ebenen 2-Meilen-Stück durch ein Schilfmoor erreichen Sie an Milemarker 1.448,3 das Native Landscapes & Garden Center. Da der Besitzer des Gartengeschäftes sehr freundlich gegenüber Wanderern ist, kann man hier kostenlos im Garten duschen und eine Pause einlegen. Auch kann man die nötigsten Vorräte aufstocken.

Nach dem Gartencenter geht es noch einen Aufstieg von 150 Höhenmetern hinauf auf einen Bergkamm, dem Sie für die nächsten Meilen folgen. Und dann überqueren Sie schon an Milemarker 1.455,2 die Staatsgrenze zu Connecticut.

Im gesamten Bundesstaat Connecticut sind Lagerfeuer verboten und das Übernachten am Trail sollte nur in den dafür vorgesehenen Bereichen erfolgen.

5 Meilen später machen Sie noch einmal für 2 Meilen einen kurzen Abstecher nach New York, danach verläuft der Trail für die nächsten 43 Meilen nur noch durch Connecticut. Im Grenzbereich hat man auch wieder den einen oder anderen Aussichtspunkt. Folgt man dem Weg weiter bis Milemarker 1.466,7 zur CT 341, kann man in der 0,8 Meilen östlich gelegenen Stadt Kent, CT übernachten oder Vorräte einkaufen.

🛏 Fife 'n Drum Inn & Restaurant, 53 N Main Street, Kent, CT 06757, ☎ (+1)86 09 27 35 09, 💻 www.fifendrum.com, 📧 info@fifendrum.com, Doppelzimmer mit Hikerrabatt $ 140 unter der Woche und am Wochenende $ 170. Klimaanlage und Kühlschränke sind in den Zimmern vorhanden. Außerdem steht jederzeit kostenloser Kaffee und Tee zur Verfügung. Tiere sind verboten.

Trailverlauf auf einem Holzsteg in New York

Überqueren Sie die CT 341, liegt ein kurzer, steiler Anstieg über 150 Höhenmeter vor Ihnen. Haben Sie diesen hinter sich gebracht, verläuft der Weg auf kleineren Hügeln entlang der Bergkuppe der Skiff Mountains. Die Wasserquellensituation hier und in den Meilen bis tief hinein nach Massachusetts ist sehr gut. Man findet hier in weniger als 5 Meilen Abstand immer eine Möglichkeit, an Wasser zu gelangen, und kann daher mit etwas weniger Vorrat wesentlich leichter wandern. Nachdem Sie den Bergkamm nach knapp 4 Meilen über den Aussichtspunkt St. John's Ledges verlassen haben, folgt ein entspanntes, 5 Meilen langes Stück. Der Trail verläuft hier parallel zum Housatonic River und es sind daher kaum Höhenmeter zu überwinden. Auch ist der Trail neben dem Fluss

teilweise so breit, dass man das seltene Vergnügen hat, nebeneinander laufen zu können.

Am Ende des Flussweges steht ein 150 Höhenmeter hoher Anstieg auf den Silver Hill an. Auf den nächsten 9 Meilen geht es noch einmal in stetigem Auf und Ab über kleine Hügel. Danach jedoch ist der Abschnitt mit den vielen kleineren Hügeln abgeschlossen und es lassen sich wieder mehr Meilen laufen, da der Trailverlauf wesentlich beständiger ist.

Im Anschluss sind wieder ca. 150 Höhenmeter zu überwinden, um auf den nächsten Bergkamm zu gelangen. Hier gibt es auf den nächsten 9 Meilen immer wieder kleinere Hügel, die es zu überwandern gilt, ehe Sie dann gemächlich in ein Tal absteigen. Hier erreichen Sie sofort nach dem Abstieg die US 7 bei Milemarker 1.489,7, bei der eine Übernachtungsmöglichkeit geboten ist.

🛏   Bearded Woods One-of-a-Kind Bunk and Dine, 55 Main St. Sharon, CT 06069,
☎ (+1)86 04 80 29 66, 💻 www.beardedwoods.com,
✉ beardedwoods@gmail.com. Betten im Haus für $ 50 p. P. Im Preis sind die Dusche, Bettlaken und -decke, ein kostenloser Shuttle vom Trail und zurück sowie ein kostenloses Frühstück und Abendessen enthalten. Slackpacking wird angeboten. Tiere sind verboten. Eine Reservierung im Voraus wird empfohlen.

Mahlzeit in einem Restaurant am Trail, CT

In diesem Tal passieren Sie 2 Meilen später das Dorf Falls Village, CT, in dem es eine Outdoordusche an einem Gebäude direkt am Trail gibt. Der AT durchquert zwar nicht die Stadt, läuft jedoch nur 0,3 Meilen daran vorbei. Übernachtungen sind hier nicht empfohlen, da es sich bei den wenigen Möglichkeiten um eine sehr gehobene Preiskategorie handelt. Allerdings laden die Wasserfälle hier zu einer kurzen Rast oder auch sehr schönen Fotomotiven ein. Um das Tal zu verlassen, muss man einen Anstieg über knapp 300 Höhenmeter auf den Mount Prospect überwinden. Von hier aus geht es nur noch 4 Meilen weiter, bis man bei Milemarker 1.498,8 an die US 44 kommt, von der aus man nach Salisbury, CT gelangen kann, das sich eine halbe Meile in

Bademöglichkeit in kleinen Schwimmlöchern eines Baches am Trail, MA

westlicher Richtung befindet und auch einige Übernachtungs- und Einkaufsmöglichkeiten bietet.

Nach der US 44 beginnt nach langer Zeit mal wieder ein Aufstieg, der ein paar Höhenmeter beinhaltet. Um auf den Bear Mountain zu gelangen, gilt es, ein wenig mehr als 400 Höhenmeter auf 6 Meilen zu bewältigen. Auf dem Bear Mountain angekommen kann man den Blick von einem Aussichtsturm auf der Spitze genießen. Kurz nachdem Sie sich an den Abstieg gemacht haben, überqueren Sie bei Milemarker 1.505,8 die Staatsgrenze zu Massachusetts. Nach dem Abstieg über knapp 300 Höhenmeter gilt es, dieselbe Anzahl an Höhenmetern bis Mount Race wieder zu erklimmen, wobei der Anstieg gemächlicher und weniger steil ist als der Abstieg zuvor. Von diesem Berg führt der Weg für 1 Meile leicht bergab, bevor dann der recht steile und gut 200 Meter hohe Anstieg auf den Mount Everett ansteht. Von beiden Berggipfeln bieten sich schöne Ausblicke.

Auf den nächsten 9 Meilen folgt dann der Abstieg vom Berg ins Tal, bei dem Sie insgesamt knapp 600 Höhenmeter hinter sich bringen, wobei die letzten 4 Meilen bis zur US 7 in sehr ebenen Waldgebieten verlaufen. An der US 7 angekommen hat man die Möglichkeit, in die Städte Sheffield, MA, 3 Meilen östlich, oder Great Barrington, MA, 3 Meilen westlich, zu gelangen.

🖙   Jess Treat, 95 Maple Ave, Sheffield, MA 1257, ☏ (+1)86 02 48 57 10, Einzelbett
      $ 40, Doppelbett $ 55. Im Preis ist ein kostenloser Shuttle vom Trail und zurück ent-
      halten. Tiere sind nur außerhalb des Hauses erlaubt. Wäschewaschen kostet $ 5.
      Reservierungen sind erwünscht.

Nach dem Überqueren der US 7 bekommt man es mit dem etwa 300 Meter
hohen Anstieg auf den East Mountain zu tun. Nach dem Bewältigen des Anstieges
kann man von dort aus erneut einen guten Blick auf die umliegende Landschaft erhaschen. Danach geht es 4 Meilen lang sehr angenehm über gut 200 Höhenmeter
hinunter zur MA 23, von der aus man die Möglichkeit hätte, nach Great Barrington,
MA zu gelangen. Direkt nach dem Passieren der Straße erwartet Sie ein 200 Meter
hoher Anstieg auf den nächsten Bergkamm, dem Sie nun 6 Meilen folgen. Nach
dem Verlassen des Bergkammes und dem Durchqueren des nachfolgenden Tales
steigen Sie gut 300 Höhenmeter auf den Baldy Mountain, der leider keine Aussichtsmöglichkeit bietet. Nun gilt es nur noch, der Bergkuppe zu folgen und einen
sehr gemächlichen Abstieg mit nur kleineren Hügeln hinter sich zu bringen, um
dann bei Milemarker 1.549,7 die US 20 zu erreichen. Hier befindet sich direkt an
der Straße am Trail eine Übernachtungsmöglichkeit.

🖙   Berkshire Lakeside Lodge, 3949 Jacob's Ladder Rd, Rt 10, Becket, MA 01223,
      ☏ (+1)41 32 43 99 07, 🖳 www.berkshirelakesidelodge.com,
      ✉ info@berkshirelakesidelodge.com. Ein Zimmer für 2 Personen kostet $ 60-90
      unter der Woche und am Wochenende $ 94-174. Inkl. kontinentalem Frühstück. Tiere
      sind verboten. Kühlschrank im Zimmer.

Wenn man kurz nach der US 20 ca. 200 Höhenmeter auf den nächsten Bergkamm überwunden hat, sind die nächsten 15 Meilen relativ einfach zu wandern,
da es kaum Höhenmeter zu erklimmen gilt. Ab dieser Gegend sollte man wieder
genauer auf die eingezeichneten Wasserquellen achten, da diese nicht mehr ganz
so häufig zu finden sind wie zuvor. Außerdem sollte man immer in Betracht
ziehen, dass im Sommer einige der Quellen und kleineren Bäche ausgetrocknet
sein können. Leider bietet der Bergkamm kaum Aussichtspunkte, da der Weg fast
ausschließlich im Wald verläuft. Am Ende des Kammes kann man dann vom Tully
Mountain aber doch noch etwas von der Gegend erblicken, ehe man den Abstieg
nach Dalton, MA vor sich hat. Der Trail führt ab Milemarker 1.568,7 direkt durch
die Stadt Dalton, MA, die mehrere Übernachtungs- und Einkaufsmöglichkeiten
bietet.

🛏 Shamrock Village Inn, 633 Main St, Dalton, MA 01226, ☎ (+1)41 36 84 08 60,
💻 www.shamrockvillage.webs.com. Doppelzimmer unter der Woche für $ 75, am
Wochenende für $ 93,60. Kostenloses Wi-Fi. Tiere sind im Hotel erlaubt. Eine Münz-
waschmaschine ist vorhanden.

Die erste Meile nach dem Verlassen von Dalton, MA führt noch über ebenes
Gelände, bevor dann ein ca. 250 Meter hoher Anstieg auf den Crystal Mountain
ansteht. Auf dessen Bergkamm wandern Sie 4 Meilen entlang, bis es bei „The
Cobbles" an den Abstieg geht. Von „The Cobbles" hat man einen sehr guten Ausblick voraus auf den Mount Greylock und das Flusstal. Nach der Durchquerung
des Tals steht nun endlich wieder mal ein ordentlicher Anstieg auf einen Berg
bevor. Die Höhenmeterdifferenz bis auf die Spitze des Mount Greylock beträgt
gute 760 m, wobei man im ersten Drittel des Berges schon den steilsten Teil des
Anstieges hinter sich gebracht hat. Auf der Spitze angekommen, werden Sie mit
einer herrlichen Aussicht über Massachusetts belohnt. Der Mount Greylock ist
auch gleichzeitig der höchste Punkt im Bundesstaat Massachusetts.

Die ersten Meilen des Abstieges sind noch relativ einfach zu gehen, allerdings
wird der Abstieg ab der Hälfte des Berges sehr steil und man sollte diesen nur
sehr vorsichtig angehen. Insgesamt sind beim Abstieg noch etwas mehr Höhenmeter zu bewältigen als beim Aufstieg. Verlässt man nach dem Abstieg das Waldgebiet, führt der Trail bei Milemarker 1.592,2 durch den Vorort der Städte Williamstown, MA und North Adams, MA, wobei sich Williamstown, MA westlich
vom Trail befindet und North Adams, MA östlich.

🛏 Willows Motel, 480 Main Street, Williamstown, MA, ☎ (+1)41 34 58 57 68,
💻 www.willowsmotel.com. Zimmer für 2 Personen $ 58-129, inkl. Frühstück. Kosten-
loser Shuttle vom Trail und zurück, Pool, Tiere sind verboten. Im angrenzenden
Olympia Restaurant gibt es Rabatt bei Aufenthalt im Motel.

Williamstown/North Adams, MA verlässt man am besten über den Albany
International Airport. Diesen erreicht man günstig mit dem Greyhoundbus (ab
$ 8), der täglich verkehrt. Die Haltestelle in Williamstown, MA befindet sich nur
2,7 Meilen vom AT entfernt. Man braucht hierzu nur der Hauptstraße zu folgen.
Um in Albany, NY zum Flughafen zu gelangen, kann man mit dem Bus fahren
($ 3,50 pro Fahrt). Hierfür bietet sich die Linie 905 bis zum Central Ave & Colo-
nie Center an, wobei man hier noch einmal in die Linie 117 umsteigen muss, um
den Flughafen zu erreichen.

Etappe 9: Williamstown/North Adams, MA – Lincoln/North Woodstock, NH

➲   207,5 Meilen/333,9 km

⏳   ca. 2 Wochen

⇧   116-1.464 m

↑ ↓   16.212 m/15.261 m

Im folgenden Abschnitt durchquert der AT komplett den Staat Vermont und erreicht mit New Hampshire schon den vorletzten Staat der Route. Die gut 200 Meilen bieten höhere Berge und wieder spektakulärere Aussichtsmöglichkeiten. Mit dem Mount Moosilauke am Ende der Etappe schnuppert man schon an den White Mountains. Die Übernachtungsmöglichkeiten in Hotels etc. werden immer seltener, je weiter man Richtung Norden gelangt, da diese Gebiete jetzt dünner besiedelt sind.

Überquert man die MA 2 und kurz darauf den Hoosic River über eine Brücke, steht ein knapp 500 Höhenmeter hoher Anstieg bevor. Im Anschluss betreten Sie bei Milemarker 1.596,3 Vermont, den drittletzten Staat des Trails.

Ab der Staatsgrenze zu Vermont verläuft der AT für 105,2 Meilen identisch mit dem Long Trail nach Norden. Der Long Trail ist der älteste Long Distance Trail in den USA und verläuft quer durch den Staat Vermont bis hinauf zur kanadischen Grenze.

Sie folgen dem Bergkamm für 5 weitere Meilen, ehe es nochmals einen Anstieg über knapp 250 Höhenmeter zu überwinden gilt. Aussichtspunkte sind hier leider recht rar gesät, da sich der gesamte Trail im Waldgebiet befindet. Dafür sind ausreichend Wasserquellen auf dem 10 Meilen langen Abstieg vorhanden. Um zur ersten Übernachtungsmöglichkeit in Vermont zu gelangen, kann man bei Milemarker 1.610,6 auf der VT 9 ins 5,1 Meilen westlich gelegene Bennington, VT fahren.

🛏   Catamount Motel, 500 South Street, Route 7, Bennington, VT 05201, ☎ (+1)80 24 42 59 77, 🖥 www.catamountmotel.com, ✉ info@catamountmotel.com, Einzelzimmer $ 54, Doppelzimmer $ 65, Wäschewaschen $ 4. Ein Tier ist pro Zimmer erlaubt.

9

Aus dem Tal der VT 9 heraus geht es nur über einen sehr langen Anstieg auf den Glastenbury Mountain. Bei dem ca. 10 Meilen langen Anstieg gilt es, gut 730 Höhenmeter zu überwinden. Belohnt wird man dafür aber auf der Spitze mit einem Aussichtsturm, von dem aus man die komplette Gegend überblicken kann.

Verlässt man den Aussichtsturm, ist der Abstieg ähnlich dem Aufstieg. Sehr gemächlich läuft man gut 450 Höhenmeter auf 12 Meilen hinab. Auch hier führt der Trail ausschließlich durch Waldgebiet und gute Ausblicke sind daher nur sehr spärlich zu erhaschen. Der darauffolgende Anstieg bietet mit 520 Höhenmetern auf 3,5 Meilen eine sportlichere Herausforderung als die Berge zuvor. Auch dieser Gipfel, der Stratton Mountain, verfügt über einen Aussichtsturm, der einen wundervollen Ausblick über die Gegend bietet.

Es heißt, dass Benton MacKaye auf diesem Gipfel die Inspiration hatte, den AT zu erschaffen. Den Vorschlag für den AT reichte er 1921 ein.

Nach dem Abstieg vom Stratton Mountain folgt ein recht ebener Abschnitt mit vielen Wasserquellen und drei Sheltern auf 10 Meilen. Wenn man diese vergleichsweise einfacheren 10 Meilen hinter sich gebracht hat, erreicht man bei Milemarker 1.650,7 die VT 11 & 30, von der aus man nach Manchester Center, VT gelangen kann.

🛏 Green Mountain House, 2480 Richville Rd, Manchester Center, VT 05255, ☎ (+1)33 03 88 64 78, 💻 www.greenmountainhouse.net, 📧 greenmountainhouse@gmail.com, Mehrbettzimmer für $ 35, Übernachtungen sind nur vom 7. Juni bis 7. September möglich. Um Reservierungen im Voraus wird gebeten. Im Preis sind sauberes Bettzeug, eine Ladung Wäsche, Wi-Fi und eine gut ausgestattete Küche inbegriffen. Für das Frühstück stehen kostenlos Lebensmittel zur freien Verfügung. Shuttle in die Stadt zum Wiederaufstocken der Wanderausrüstung und Lebensmittel sind auf Nachfrage verfügbar.

Überquert man die VT 11 & 30 und den kurz darauf folgenden Bach, liegt ein ca. 430 Höhenmeter hoher und 3 Meilen langer, zum Teil recht steiler Anstieg auf den Bromley Mountain vor Ihnen. Der Gipfel entschädigt jedoch für alle Mühen, da sich hier wieder tolle Ausblicke bieten und sich auch eine Skihütte, die den Betrieb zwar im Sommer eingestellt hat, jedoch zur Übernachtung sehr geeignet ist, befindet. Man sollte allerdings beachten, dass es auf dem Gipfel keine Wasserquelle gibt.

Folgt man dem Trail weiter, geht es nach einem kurzen Abstieg wieder hinauf auf den nächsten Bergkamm, der mit Styles Peak und Peru Peak gleich zwei gute Aussichtspunkte hintereinander bietet. 600 Höhenmeter werden nun innerhalb von 8 Meilen hinabgelaufen. Hier finden sich auch innerhalb von 5 Meilen wieder vier Shelter, die zum Übernachten einladen. Nach einem gemächlich verlaufenden Anstieg über den nächsten Berg geht es dann in einem steileren Abstieg über ca. 430 Höhenmeter hinab in ein Tal und sofort wieder über gut 330 Höhenmeter hinauf über den nächsten Berg. Verlässt man den nächsten Bergkamm, kann man im darauffolgenden Tal, in dem der Mill River fließt, eine Abkühlung an verschiedenen Badestellen genießen. Diese ist auch nötig, bevor es auf den nächsten 11 Meilen die gut 950 Höhenmeter auf den Mount Killington hinaufgeht. Dieser Anstieg ist zum Teil steil und wer noch die Spitze des Berges in 0,2 Meilen Entfernung vom Trail erklimmen will, der sollte sein Gepäck zurücklassen und die Kletterpartie so in Angriff nehmen. Auf der Spitze wird man von einem atemberaubenden Ausblick über die Gegend belohnt. Wer sich eine Kleinigkeit zu essen oder zu trinken im überteuerten Gipfelrestaurant gönnen will, der sollte nicht vergessen, das nötige Kleingeld mitzunehmen.

Nach einem 5 Meilen langen Abstieg hinunter vom Mount Killington kann man bei Milemarker 1.700,8 in die 8,5 Meilen in westlicher Richtung gelegene größere Stadt Rutland, VT gelangen. Oder man läuft die 0,8 Meilen in östlicher Richtung bis zur nächsten Übernachtungsmöglichkeit.

✉ The Inn at Long Trail, 709 US Rte. 4, Sherburne Pass, Killington, VT 05751, ☎ (+1)80 27 75 71 81, 🖥 www.innatlongtrail.com, ✉ info@innatlongtrail.com, Doppelzimmer wochentags $ 90, an Wochenenden $ 110, Wanderrabatte sind je nach Saison und Wochenankunftszeit möglich. Frühstück ist im Preis inklusive. Es sind einige Räume vorhanden, in denen Tiere erlaubt sind. Für das Wochenende wird eine Reservierung empfohlen. Eine Münzwaschmaschine ist vorhanden.

Nun gilt es, im Verhältnis kleinere Berge zu überwandern, die nicht mehr als 400 Höhenmeter Differenz bieten. Der erste hiervon ist Quinby Mountain, der recht steil ansteigt und teilweise auf seinem Bergkamm ein paar kleinere Aussichtspunkte bietet. Wandert man hinab vom Quinby Mountain und begibt sich direkt auf den nächsten Bergkamm, ist die Wassersituation sehr gut, da man fast jede Meile auf einen kleinen Bach trifft. An Milemarker 1.718,2 finden Sie auf dem Bergkamm erneut einen Aussichtsturm, von dem aus Sie die Aussicht genießen können. Sie verlassen den Bergkamm über einen knapp 500 Höhenmeter hohen und zum Teil steilen Abstieg und können bei Milemarker 1.724,1 über die VT 12 ins 4,2 Meilen östlich gelegene Woodstock, VT gelangen.

🛏 Braeside Motel, 908 East Woodstock Road, Woodstock, VT 05091, ☎ (+1)80 24 57 13 66, 🖥 www.braesidemotel.com, ✉ info@braesidelodging.com, Doppelzimmer variieren je nach Zimmerausstattung und Wochentag zwischen $ 118-158. In der Zimmerausstattung sind kostenloser Kaffee, Wi-Fi, Kühlschrank und die Klimaanlage enthalten. Reservierungen im Voraus werden empfohlen.

In der folgenden Gegend ist die Städtedichte etwas höher und daher überquert man des Öfteren Straßen und ab und zu befindet sich auch ein kleiner Shop oder eine Tankstelle in der Nähe des Trails. Das Höhenprofil des Trails bietet auf den nächsten knapp 20 Meilen immer wieder kleinere Hügel, die es zu überqueren gilt, die aber keinen Höhenunterschied über 220 Höhenmeter aufweisen. Vereinzelt finden Sie auf den Hügeln Aussichtspunkte, die aber keineswegs mit denen der höheren Berge mithalten können. Hat man die Hügel überwunden, ist es noch ein relativ flaches Stück mit einem ebenen Abstieg hinunter nach Norwich, VT. Ab Milemarker 1.744,5 folgen Sie dem Straßenverlauf durch Norwich, VT bis nach Hanover, NH. Die Staatengrenze befindet sich direkt auf dem Connecticut River, den Sie auf einer Brücke überqueren. Übernachtungsmöglichkeiten bieten sich in beiden Städten reichlich.

Trail entlang der Three Mile Road, NH

Die „Hanover Friends of the AT" haben eine Liste erstellt, auf der kostenlose Übernachtungsmöglichkeiten bei Privatpersonen aufgelistet sind. Diese Listen findet man am Eingang zu Norwich, VT, der Post, Bücherei oder auch dem Co-op-Lebensmittelgeschäft.

🛏 Sunset Motor Inn, 305 N Main Street, West Lebanon, NH 03874, ☎ (+1)60 32 98 87 21, 🖥 www.sunsetinnnh.com, Doppelzimmer je nach Wochentag $ 85-95, Wanderrabatte sind auf Nachfrage möglich. Kostenlose Shuttles sind verfügbar. Wäschewaschen ist im Preis inklusive. Tiere kosten $ 15 extra. West Lebanon, NH grenzt direkt an Hanover, NH.

Nachdem Sie einen Teil von Hanover, NH durchquert haben, führt der AT auf den nächsten 8 Meilen auf relativ ebenen Waldwegen entlang, bis es dann einen knapp 280 Höhenmeter hohen Anstieg auf den Moose Mountain zu besteigen gilt. Auf diesem wandern Sie für 2 Meilen, ehe es dann in einem steileren Abstieg ca. 300 Höhenmeter hinab- und direkt wieder hinaufgeht. Auf dem nächsten Berg angekommen, dem Holts Ledge, bieten sich dann auch wieder einige Ausblicke über die Gegend. Von dessen Spitze sind es nur noch 1,5 Meilen hinab bis zum Milemarker 1.764,5, von dem aus man nach Lyme, NH gelangen kann, was 3,2 Meilen in westlicher Richtung liegt.

🛏️   Dowd's Country Inn B&B, 9 Main Street, Lyme, NH 03768, ☎ (+1)60 37 95 47 12, 💻 www.dowdscountryinn.com, ✉ info@dowdscountryinn.com, Einzelzimmer unter der Woche $ 85 und am Wochenende $ 125, Doppelzimmer unter der Woche $ 100 und am Wochenende $ 140. Kostenloser Shuttle ist auf Nachfrage vorhanden. Im Preis sind das Frühstück und der Nachmittagstee enthalten. Tiere kosten $ 15 extra.

Von hier aus hat man nun den knapp 720 Höhenmeter hohen Anstieg auf den Smarts Mountain vor sich. Der Anstieg teilt sich in zwei steilere Anstiege auf, wobei Sie zwischen den beiden 1 Meile auf einem Bergkamm laufen. Auf der Spitze angekommen, kann man von einem alten Feuerwachturm aus die Gegend überblicken. Der Abstieg vom Berg ist nicht so lang und auch nicht so steil wie der Anstieg. Jedoch erwartet Sie sofort im Anschluss ein gut 450 Höhenmeter langer Anstieg auf die Südspitze des Mount Cube. Dieser bietet auch mehrere gute Aussichtsmöglichkeiten. Nach dem Abstieg finden sich auf den folgenden 10 Meilen nur kleinere Hügel, die man überwinden muss, ehe es zum Mount Moosilauke, dem Highlight-Anstieg dieser Etappe, geht. Nachdem man die NH 25 und einen Fluss überquert hat, darf man sich auf knapp 1.150 Höhenmeter auf 6 Meilen freuen, die es zu erklimmen gilt. Dies ist der erste schwierigere und anspruchsvolle Anstieg auf dem AT, bei dem es nicht ausreicht, mit Wanderstöcken zu gehen, sondern man in manchen Abschnitten auch die Felsbrocken hinaufklettern muss. Dafür belohnt die Spitze des Mount Moosilauke mit einem wundervollen Ausblick auf die vor Ihnen liegenden White Mountains und die dazwischen liegenden Täler. Der erste Teil des Abstiegs vom Berg ist noch ohne Probleme zu überwinden. Allerdings bietet der letzte Teil kleinere Herausforderungen, wenn man auf 1,3 Meilen gut 600 Höhenmeter zurücklegen darf. Hat man auch das bewältigt, kann man von der Kingsman Notch an der NH 112 nach Lincoln/North Woodstock, NH gelangen.

✉ The Notch Hostel, 324 Lost River Rd, North Woodstock, NH 03262, ☎ (+1)60 33 48 14 83, 🖥 www.notchhostel.com, Mehrbettzimmer für $ 30 p. P., Wäschewaschen inkl., Kaffee/Tee und ein Selbstbedienungsfrühstück mit Pancakes. Slackpacking wird zwischen Kinsmann & Franconia Notch angeboten. Auch kann man sich Fahrräder ausleihen, um in der Stadt einkaufen gehen zu können.

Da es in der Nähe von Lincoln/North Woodstock, NH keinen internationalen Flughafen gibt, ist es am einfachsten, den Logan International Airport in Boston, MA zur An- und Abreise zu nutzen. Diesen erreicht man in einer dreistündigen Busfahrt mit Concord Coach Lines (🖥 www.concordcoachlines.com). Die Bushaltestelle in Lincoln, NH ist an der 36 Main Street vor dem 7-Eleven-Supermarkt. Von dort aus fährt ein Bus täglich bis direkt zum Logan International Airport in Boston, MA.

Etappe 10: Lincoln/North Woodstock, NH – Gorham, NH

⟳ 90,6 Meilen/145,8 km
⧗ 1 Woche
⇧ 238-1.917 m
↑ ↓ 8.705 m/9.199 m

Dieser Abschnitt eignet sich gut für Wanderer, die nur kurze Zeit auf dem AT verbringen können. Die White Mountains sind eines der Highlights des AT. Zugleich ist es jedoch wohl auch der überfüllteste Abschnitt. Von den zahlreichen Gipfeln oberhalb der Baumgrenze breitet sich die Landschaft kilometerweit vor Ihnen aus. In den White Mountains führt der Trail über den gefährlichsten Berg der USA, den Mount Washington.

Die 90 Meilen durch die White Mountains sind auch vom Übernachten her eine Besonderheit. Es sind zwar Shelter und gekennzeichnete Campingplätze vorhanden, aber es ist kaum möglich, an anderen Stellen des Trails wild zu campen, da oberhalb der Baumgrenze keine Möglichkeiten vorhanden sind und die Wege auf sehr schmalen Bergkämmen verlaufen. Da die White Mountains von sehr vielen Wanderern genutzt werden, kann es sein, dass die Übernachtungsplätze in Sheltern und Campingplätzen knapp werden. Eine weitere

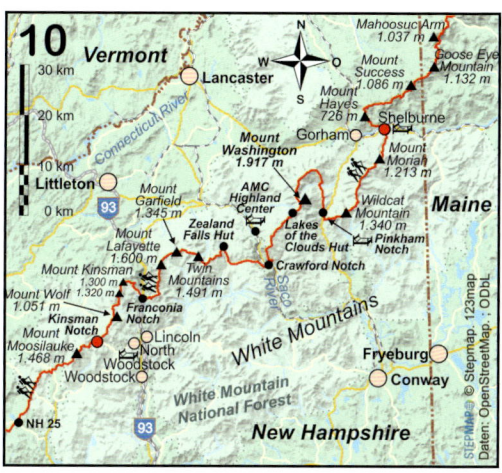

Möglichkeit zum Übernachten bietet die AMC an. Diese betreibt acht sogenannte „huts". Das sind Hütten, in denen je nach Größe 30-90 Leute Unterkunft finden. In der Hauptsaison (Juni-Oktober) kostet ein Bett im Mehrbettzimmer stolze $ 125, wobei hier Abendessen und Frühstück enthalten sind. Für Thru-hiker gibt es jedoch ein besonderes Angebot: Je nach Größe der Hütte können mindestens zwei Thru-hiker ein Work-for-stay machen. Man muss hierfür nach 15 Uhr in der Hütte ankommen und bekommt dann kleinere Aufgaben zugeteilt. Dafür kann man umsonst übernachten und ein kostenloses Abendessen zu sich nehmen. Das Work-for-stay bekommen diejenigen, die zuerst an der *hut* ankommen.

Aufgrund der hohen Besucherzahl in den White Mountains kann man damit rechnen, dass man die vorherige Laufgeschwindigkeit nicht halten kann, da es immer wieder zu Staus auf den schmalen Wegen kommt. Außerdem sollte man auf die wechselnden Wetterbedingungen oberhalb der Baumgrenze vorbereitet sein.

Verlässt man die Kingsman Notch auf der anderen Talseite, steht ein steiler, knapp 250 Meter hoher Anstieg auf den nächsten kleineren Berg bevor. Danach geht es auf den nächsten 4 Meilen mit kleineren Aufs und Abs hinauf zum Mount Wolf, der aber nur einen kleinen Vorgeschmack auf den nächsten Anstieg bietet. Nach einem Abstieg über gut 330 Höhenmeter geht es sofort ca. 615 Höhenmeter hinauf zum Südgipfel des Mount Kinsman, von dem Sie einen tollen Ausblick genießen können. Nach einer weiteren Meile gelangen Sie auch schon auf den Nordgipfel, von dem aus der Abstieg beginnt. Der Abstieg verläuft wesentlich gemächlicher als der Anstieg, auch wenn es insgesamt knapp 900 Höhenmeter hinabzulaufen gilt. Auf halbem Weg des Abstieges, bei Milemarker 1.813,0, liegt die erste *hut* auf dem Weg. Gelangt man auf dem Trail in das Tal, befindet man sich in der Franconia Notch. Von hier aus haben Sie erneut die Möglichkeit, nach Lincoln/North Woodstock, NH zu gelangen. Über die US 3 ist es in nur 1 Meile in südlicher Richtung.

Aufstieg Kinsman Mountain, NH

Aus der Franconia Notch führt der Weg sehr steil über 1.040 Höhenmeter hinauf zum Little Haystack Mountain. Ab hier geht es für 2 Meilen über die sogenannte Franconia Ridge auf dem Bergkamm entlang. Diese bietet wundervolle Ausblicke über die White Mountains, da sich die komplette Wegstrecke oberhalb der Baumgrenze befindet. Um den höchsten Punkt des Bergkammes, den Mount Lafayette, zu erreichen, muss man auf dem Bergkamm nochmal gut 120 Höhenmeter hinaufgehen. Nach dem Abstieg von ca. 500 Höhenmetern gilt es, den nächsten Gipfel in Angriff zu nehmen, den Mount Garfield, dessen Anstieg knapp 250 Höhenmeter in Anspruch nimmt. Er bietet eine herrliche Aussicht über das Tal und die Franconia Ridge.

Nach gut 300 Höhenmetern Abstieg vom Berg wartet nach etwa 3 flacheren Meilen der nächste steile Anstieg. Die gut 450 Höhenmeter hinauf zur Spitze des

Aussicht vom Mount Washington, NH

südlichen Twin Mountains gilt es in nur 1,4 Meilen hinter sich zu bringen. Hat man dies erst mal geschafft, verläuft der Trail stetig abfallend den Bergkamm entlang. Dabei sind kaum steilere Abschnitte vorhanden und es bieten sich immer wieder neue, schöne Ausblicke. Der Abstieg zieht sich so über 7 Meilen hin, bis Sie zur Zealand Falls Hut gelangen. Hier kann man sowohl schöne Wasserfälle als auch die darauffolgenden 5 Meilen genießen, da diese sehr eben verlaufen. Anschließend geht es dann knapp 490 Höhenmeter hinab in das nächste Tal, die Crawford Notch bei Milemarker 1.843,7.

🛏 AMC Highland Center, Route 302, Bretton Woods, NH 03574,
☎ (+1)60 32 78 44 53, 🖥 www.outdoors.org/logding-camping/lodges/highland,
📧 amclodging@outdoors.org, Mehrbettzimmer ab $ 50-150 für Mitglieder im AMC, Preise sind saisonal verschieden. Im Preis sind das Frühstück und das Abendessen enthalten. Tiere sind verboten. Da sich das Center 3,5 Meilen westlich der Crawford Notch befindet, sind kostenlose Shuttles auf Nachfrage vorhanden. Im Shop gibt es kleinere Snacks, Klamotten und Campinggas zu kaufen.

Nun beginnt einer der anstrengendsten Abschnitte des Trails, der Anstieg zum Mount Washington. Auf den nächsten 12,5 Meilen gilt es, knapp 1.530 Höhenmeter zu überwinden. Auf den ersten 3,7 Meilen hat man nach einem sehr steilen Anstieg schon über die Hälfte der Höhenmeter geschafft, dabei bieten sich mehrere sehr schöne Aussichtsmöglichkeiten über die White Mountains. Bis Milemarker 1.854,7, bei dem sich die Lakes of the Clouds Hut befindet, ist der Anstieg noch ungefährlich. Ab hier sollte man die letzten 1,5 Meilen aber nur gehen, wenn das Wetter nicht zu schlecht ist. Denn auf dem Mount Washington herrschen das ganze Jahr über extreme Windgeschwindigkeiten und man kann sich in dem häufig vorkommenden Nebel sehr schnell auf den Geröllwegen verirren.

Seit 1849 sind beim Besteigen des Mount Washington fast 150 Menschen tödlich verunglückt. 1934 wurde mit 372 km/h eine der schnellsten Windgeschwindigkeiten erfasst, die jemals an Wetterstationen gemessen wurden.

Gipfel Mount Madison, NH

Hat man aber Glück und freie Sicht, kann man vom Gipfel aus eine wunderschöne Aussicht genießen. Auch der Abstieg vom Mount Washington bietet fabelhafte Aussichtspunkte. Er führt über einen Bergkamm, bei dem man drei kleinere Anstiege auf Berge vor sich hat, bevor es gut 915 Höhenmeter in zum Teil sehr steilen Abschnitten hinunter in das Tal geht. Von hier sind es nur noch 4 Meilen und ein kleinerer Hügel, der überquert werden will, bis Sie an Milemarker 1.869,7 die Pinkham Notch erreichen.

🖝 Pinkham Notch Visitor Center & Joe Dodge Lodge, 361 Rte. 16, Gorham, NH 03581, ☏ (+1)60 34 66 27 21, 🖳 www.outdoors.org/lodging-camping/lodges/pinkham/, ✉ amclodging@outdoors.org, Mehrbettzimmer ab $ 63 für Mitglieder im AMC, Preise sind saisonal verschieden. Für einen Aufpreis von $ 6 erhält man ein Frühstück dazu. Für nochmals $ 20 extra ist ein Abendessen inklusive. Eine Münzdusche ist vor Ort. Tiere sind verboten. Es gibt die Möglichkeit, kleine Snacks oder auch Campinggas/Benzin zu kaufen.

Die letzten Berge in den White Mountains haben zwar nicht mehr allzu lange Anstiege, jedoch ist der erste Berg nach der Pinkham Notch, der Wildcat Mountain, nicht zu unterschätzen. Die gut 730 Höhenmeter sind in einem sehr steilen Anstieg zusammengedrängt. Auf dem Gipfel wird man aber auch mit tollen Aussichten für den Anstieg belohnt. Die nächsten Meilen sind durch zweimalige Auf- und Abstiege von jeweils ca. 300 Höhenmeter auf benachbarte Berge gekennzeichnet. Nach diesen zwei Bergspitzen beginnt endgültig der Abstieg aus den White Mountains. Eine letzte Bergspitze, der Mount Moriah, bietet den letzten Aussichtspunkt, ehe Sie gemächlich in das Tal hinab wandern. Dort trifft man bei Milemarker 1.890,8 auf die US 2, die sowohl nach Gorham, NH (3,6 Meilen in westlicher Richtung) führt als auch ein Hostel direkt am Trail bietet.

🖝 White Mountains/Rattle River Lodge & Hostel, 592 State Rte. 2, Shelburne, NH 03581, ☏ (+1)60 34 66 50 49, 🖳 www.whitemountainslodgeandhostel.com, Mehrbettzimmer für $ 35 p. P. Im Moment findet man das Hostel sowohl unter White Mountain als auch unter Rattle River Hostel, weil es einen langsamen Wechsel zum Namen Rattle River Hostel vollzieht. Im Preis sind ein umfangreiches Frühstück, Wäschewaschen und Shuttles in die Stadt und zurück enthalten. Kleine Snacks und Campinggas werden zum Verkauf angeboten. Wer zwei Nächte übernachtet, der kann auf einen kostenlosen Shuttle zum Slackpacking von der Pinkham Notch aus zurückgreifen.

Kleiner See am Stony Brook Trail, NH

Der nächstliegende internationale Flughafen ist der Burlington International Airport in Vermont. Diesen erreicht man am einfachsten mit dem Greyhoundbus, der täglich von Gorham, NH fährt (einfache Fahrt $ 98). Die Haltestelle befindet sich an der Irving Gas Station, 350 Main Street Gorham, NH 03581.

Etappe 11: Gorham, NH – Monson, ME

⮯ 184,3 Meilen/296,6 km
⧗ 1-2 Wochen
⇧ 1 48-1.289 m
↑ ↓ 15.655 m/15.618 m

Gleich zu Beginn dieser Etappe betritt man den letzten Bundesstaat Maine, bei dem es zu Anfang gilt, die letzten Berge des Trails zu überwinden, wobei es im zweiten Teil dieser Etappe schon merklich flacher wird. In Maine darf man sich nicht über etwas teurere Preise bei Lebensmitteln und Übernachtungen wundern, auch sind die Beschaffungsmöglichkeiten von Lebensmitteln hier nicht so zahlreich wie auf dem Rest des Trails. Ansonsten zeigt sich Maine von seiner besten

Seite und man kann hier an vielen tollen Aussichtspunkten und Wegstrecken die Natur in vollen Zügen genießen.

Sobald Sie die US 2 überquert haben, verläuft der Trail im Wald in einem knapp 550 Höhenmeter langen Anstieg über 3,5 Meilen hinauf auf den Mount Hayes, von dem Sie einen wunderbaren Ausblick zurück auf die White Mountains haben. Die darauffolgenden Meilen sind durch viele kleinere Auf- und Abstiege auf dem Bergkamm gekennzeichnet. Diese sind jedoch alle Mühen wert, da sie immer wieder tolle sehenswerte Ausblicke bieten. Auch ist die Wassersituation in

diesem Abschnitt sehr gut, da sich immer wieder kleinere Quellen und Bäche am Weg finden lassen. Überquert man bei Milemarker 1.905,4 den Mount Success, hat man auch schon den letzten Berg des Trails in New Hampshire hinter sich gelassen und erreicht 2 Meilen später Maine.

Im gesamten Staat Maine sind Übernachtungen nur an gekennzeichneten Stellen erlaubt. Nur in Ausnahmesituationen darf man abseits von Campingplätzen oder Sheltern übernachten. Jegliches Übernachten oberhalb der Baumgrenze ist strikt verboten. Auch Lagerfeuer sind nur an den Feuerstellen am AT an den gekennzeichneten Übernachtungsplätzen erlaubt.

In Maine sind die drei Gipfel des Goose Eye Mountains die ersten höheren Punkte, die man erreicht. Jedoch sind es nur Anstiege über gut 200 Höhenmeter, die man erklimmen muss, da der Trail entlang der Bergkuppe verläuft. Nach der

Ausblick über die Waldlandschaft in Maine

Sitzmöglichkeit mit Aussicht am Trail in Maine

Nordspitze geht es über 450 Höhenmeter hinab, ehe es einen steilen Anstieg mit 500 Höhenmetern in 1,5 Meilen hinauf auf den Mahoosuc Arm geht. Auf dessen Spitze gibt es bei Milemarker 1.918,4 auch einen Aussichtsturm, von dem aus man die schöne Waldlandschaft Maines betrachten kann. Nun folgt ein längerer Abstieg über 760 Höhenmeter in die Grafton Notch, von der aus es direkt wieder hinauf auf den nächsten Berg geht. Die erste von zwei Spitzen des Baldpate Mountains erfordert einen gut 640 Höhenmeter hohen Anstieg aus dem Tal hinaus. Glücklicherweise ist die zweite Spitze nur 0,9 Meilen von der ersten entfernt und es muss dafür auch keine größere Anzahl an Höhenmetern überwunden werden. Beide Gipfel bieten sehr gute Aussichtspunkte.

Nun folgt ein teilweise steiler Abstieg zur Dunn Notch mit ihren Wasserfällen. Dabei müssen gut 800 Höhenmeter überwunden werden, jedoch entlohnen die nett anzusehenden Wasserfälle für die Anstrengungen. In der Dunn Notch bei Milemarker 1.932,2 überqueren Sie die East B Hill Road, eine nicht sehr befahrene Straße, über die Sie ins 8 Meilen in östlicher Richtung gelegene Andover, ME gelangen können. Dort kann man übernachten und seine Vorräte in kleinen Lebensmittelgeschäften aufstocken.

🛏 Pine Ellis Lodging, 20 Pine Street, Andover, ME 04216, ☎ (+1)20 73 92 41 61, 🖳 www.pineellislodging.com, ✉ pine_ellis@yahoo.com, Mehrbettzimmer $ 25, Doppelzimmer $ 60, zum Frühstück gibt es kostenlosen Kaffee. Die Küche im Hostel steht frei zur Verfügung. Shuttles vom Trail kosten je nach Standort eine kleine Gebühr. Kleinigkeiten an Lebensmitteln und Campinggas/Benzin im Shop. Hunde sind im Hostel verboten.

Aus der Dunn Notch heraus führt der Trail über einen sehr angenehm zu laufenden Anstieg über 460 Höhenmeter auf den Wyman Mountain. Von diesem aus geht es in einem sehr steilen Abstieg, in dem in etwa genauso viele Höhenmeter überwunden werden müssen, hinab in die Sawyer Notch, von der aus es erneut so viele Höhenmeter zu überwinden gilt, wenn man den noch steileren Anstieg auf den Moody Mountain bewältigen will. Wandert man die gut 300 Höhenmeter hinab in das nächste Tal, überquert man die South Arm Road an Milemarker 1.942,3, von wo aus Andover, ME in 9 Meilen erreichbar ist. Das Verkehrsaufkommen ist sehr gering. Anschließend sind gut 670 Höhenmeter bis auf den Old Blue Mountain hinauf zu erklimmen. Aber die tollen Ausblicke auf dem Weg und auf dem Gipfel sind alle Mühen wert. Die nächsten 7 Meilen sind im Vergleich zu den vorherigen Meilen etwas einfacher zu bewältigen, da sie entlang des Bergkammes verlaufen und nur kürzere An- und Abstiege enthalten.

Am Ende des Bergkammes verläuft der Abstieg über knapp 430 Höhenmeter zum Teil steil. Im Tal angekommen, geht es auch sofort wieder hinauf auf den nächsten Bergkamm, dessen Anstieg aber in etwa die Hälfte des vorigen Abstieges beträgt. Die darauffolgenden 13 Meilen verlaufen auf dem Bergkamm entlang und bieten kaum größere Herausforderungen in puncto Höhenmeter. Am Ende des Kammes bei Milemarker 1.968,7 erreichen Sie die ME 4, die in das 9 Meilen westlich gelegene Rangeley, ME führt. Dort kann man die Lebensmittelvorräte wieder aufstocken.

Wem der Weg nach Rangeley zu weit ist, der kann auch zur 0,3 Meilen entfernten, an der Straße gelegenen Hiker Hut gehen.

🛏 The Hiker Hut, 2 Pine Rd., Sandy River Plantation, ME 04970, ☎ (+1)20 78 97 89 84, ✉ hikerhut@gmail.com, Mehrbettzimmer $ 25. Ein Shuttle nach Rangeley, ME ist in der Übernachtung enthalten, ebenso ein selbst gemachtes Mittagessen. Slackpacking ist auf Nachfrage möglich.

Aussicht Bigelow Mountain, ME bei Sonnenuntergang

Überquert man die ME 4, führt der Trail über den Sandy River und dann hinauf auf den Saddle Back Mountain. Der Anstieg hat es mit gut 760 Höhenmetern auf 4,5 Meilen in sich. Allerdings gibt es auf dem Anstieg ein paar Wasserquellen, sodass man nicht mit maximalem Wassergewicht wandern muss. An der Spitze angekommen, bietet sich ein sehr schöner Ausblick, der sich auf den nächsten zwei Gipfeln, die in jeweils 1 Meile Abstand folgen, wiederholt, ehe es dann dieselbe Anzahl an Höhenmetern wieder in ein Tal hinabgeht. Von dort läuft der Trail aber sofort wieder hinauf auf den Lone Mountain, bei dessen Aufstieg gut 500 Höhenmeter zu bewältigen sind. Kurz nach dem Gipfel von Lone Mountain kreuzt bei Milemarker 1.986,4 der Mt Abraham Trail. Diesem kann man 1,7 Meilen bis zum Gipfel folgen, wobei der Trail sich oberhalb der Baumgrenze befindet und tolle Ausblicke zulässt.

Folgt man weiter dem Weg und erklimmt noch knapp 200 Höhenmeter, befindet man sich fast auf dem Gipfel des Spaulding Mountains. Wer diesen komplett ersteigen will, muss nur noch einen 0,1 Meilen langen Seitenweg laufen. Ein sehr lohnenswerter Seitentrail findet sich auch 2 Meilen weiter: Dort geht es über den 0,6 Meilen langen Sugarloaf Mountain Trail hinauf auf eben diesen Gipfel. Von hier aus hat man einen atemberaubenden 360°-Ausblick über alle umliegenden Berge und Täler. Hat man den zum Teil steilen Abstieg über ca. 460 Höhenmeter vom Sugarloaf Mountain hinter sich gebracht, steht man direkt vor dem Aufstieg auf den Crocker Mountain. Dessen Anstieg verlangt dem Wanderer mit knapp 640 Höhenmetern und teilweise steilen Abschnitten einiges ab. Vor allem von der Südspitze des Berges bietet sich als Belohnung ein schöner Ausblick auf die zurückgelegten Wegabschnitte. Nachdem Sie auch die Nordspitze des Crocker Mountains überschritten haben, liegt ein über 900 Höhenmeter langer Abstieg in das Tal vor Ihnen. Kurz bevor Sie den tiefsten Punkt erreicht haben, überqueren Sie bei Milemarker 2.000,9 die ME 27, von der aus man in das 5 Meilen westlich gelegene Stratton, ME gelangen kann.

🛏 Stratton Motel, 162 Main St., Stratton, ME 04982, ☎ (+1)20 72 46 41 71, 💻 www.thestrattonmotel.com, ✉ thestrattonmotel@gmail.com, Mehrbettzimmer $ 25, Doppelzimmer $ 60, ein Shuttle zum oder vom Trail kostet $ 5. Mehrere Einkaufs- und Einkehrmöglichkeiten befinden sich gleich in der direkten Umgebung.

Durchschreitet man das Tal, befindet man sich nun vor der letzten Bergkette vor Mount Katahdin, der Bigelow Range. Um die Westspitze des Mount Bigelow zu erklimmen, gilt es, einen Anstieg von knapp 900 Höhenmetern auf 6 Meilen zu überstehen. Auf diesen Meilen passieren Sie sehr schöne Aussichtspunkte und einen idyllisch gelegenen See. Wenn man die Aussicht auf der Westspitze ausreichend genossen hat, erreicht man kurz darauf in nur 0,7 Meilen die Avery Peak, von der aus man erneut die Wildnis Maines bewundern kann. Dem Abstieg von knapp 550 Höhenmetern folgt ein kurzer, entspannter Anstieg über 250 Höhenmeter auf den letzten Berg dieser Kette, den Little Bigelow Mountain. Nach dem Abstieg über ca. 540 Höhenmeter in das Tal bietet der Trail in der Folge kaum noch nennenswerte Steigungen. Das Höhenprofil wird über die Meilen immer flacher.

Auf den nächsten 15 Meilen bieten sich aufgrund der fehlenden Berge auch keine Aussichtsmöglichkeiten mehr. Dafür passieren Sie einige kleinere Seen, die an heißen Sommertagen die optimale Erfrischung bieten. Ein kleines Highlight

Überquerung des Kennebec Rivers im Kanu

bietet sich bei Milemarker 2.033,9 am Pierce Pond See. Dort kann man auf einem Nebenweg das Harrison's Pierce Pond Camp erreichen.

✗ Harrison's Pierce Pond Camp, Old Route 201 Caratunk, ME 04925, ☎ (+1)20 76 12 81 84, 🖥 www.harrisonspiercepondcamp.com, ✉ info@piercepondcamps.com. Wer am Abend vorher einen Platz für das Frühstück reserviert, bekommt für $ 12 umfangreiche Kost geboten, wobei besonders die Pancakes fast schon legendär sind. Für $ 40 ist auch eine Übernachtung inkl. Frühstück möglich.

3,5 Meilen weiter erreicht man eine Besonderheit des Trails. Nun gilt es, den Kennebec River zu überqueren. Dies ist allerdings nur mit dem Kanuservice möglich, den die ATC anbietet. Hierbei fährt das Kanu, auf dem maximal zwei Wanderer Platz haben, vom 22. Mai bis 9. Juli täglich von 9:00 bis 11:00, vom 10. Juli bis 30. September von 9:00 bis 11:00 und 14:00 bis 16:00 und vom 1. Oktober bis 12. Oktober von 9:00 bis 11:00. Wer zu anderen Jahreszeiten den Fluss überqueren will, muss eine Uhrzeit mit dem Fährmann ausmachen und kann dann gegen eine Gebühr von $ 50 individuell übersetzen (Cheryl Anderson, ☎ (+1)20 76 72 39 97). Auf der anderen Seite des Flusses erreicht man an Milemarker 2.037,9 die US 201, an der sich direkt Caratunk, ME befindet, wo es ein paar Übernachtungsmöglichkeiten gibt.

🖘   The Sterling Inn, 1041 Route 201, Caratunk, ME 04925, ☎ (+1)20 76 72 33 33, 💻 www.mainesterlinginn.com, ✍ maineskeptsecret@yahoo.com, Mehrbettzimmer $ 25, Doppelzimmer $ 55, zwei Doppelbetten in einem Zimmer für 4 Personen $ 90, Frühstücksbuffet inkl. Es besteht die Möglichkeit, Lebensmittel für den Trail sowie Campinggas oder Benzin zu kaufen. Auch gibt es kostenlose Shuttles vom und zum Trail, zur Post und zum nahe gelegenen Restaurant. Falls man nicht übernachtet, kann man für $ 2,50 duschen und für $ 5 Wäsche waschen.

Hinter Caratunk, ME führt der Trail auf Waldwegen sehr langsam ansteigend auf einer Strecke von 7 Meilen 300 Höhenmeter hinauf auf den Pleasant Pond Mountain. Genauso gemächlich zeigt sich auch der Abstieg, der sich über mehrere Meilen zieht. Danach folgt jedoch ein knapp 340 Höhenmeter hoher

Frühstück in Shaw's Lodging in Monson, ME

Anstieg auf den Moxie Bald Mountain, der sich bei Milemarker 2.054,6 befindet. Von hier aus bieten sich nochmals ein paar schöne Ausblicke über die Gegend, bevor es dann nach dem Abstieg auf den nächsten 18 Meilen auf ebenem Gelände entlanggeht. Wasserquellen sind in diesem Abschnitt reichlich vorhanden, sodass man diesen Abschnitt recht schnell und mit etwas weniger Wassergewicht laufen kann. Wenn man dann bei Milemarker 2.074,6 auf die ME 15 trifft, sollte man nochmals einen Zwischenstopp im 3,6 Meilen in östlicher Richtung gelegenen Monson, ME einlegen, denn ab hier beginnt die 100 Mile Wilderness.

🛏 Shaw's Lodging, 17 Pleasant St, Monson, ME 04464, ☎ (+1)20 79 97 35 97,
💻 www.shawslodging.com, 📧 shawslodging@gmail.com, Mehrbettzimmer $ 25,
Doppelzimmer $ 60, Zelten vor dem Haus $ 12. In dem Übernachtungspreis ist ein Shuttle vom und zum Trail inklusive. Ein sehr umfangreiches Frühstück gibt es für $ 9, Wäschewaschen kostet $ 5. Im Nebengebäude befindet sich ein kleiner Ausrüstungsshop für die Wanderer. Dies ist eine der sehr wenigen Einkaufsmöglichkeiten in Monson, ME! Slackpacking ist in ganz Maine auf dem Trail möglich.

Der nächstgelegene Flughafen ist der Bangor International Airport in Bangor, ME. Dieser bietet zwar keine internationalen Flüge an, jedoch erreicht man die großen Flughäfen in New York etc. problemlos. Der Flughafen befindet sich in ca. 60 Meilen Entfernung. Um vom Trail zum Flughafen zu gelangen, bietet sich einer der Shuttleservices an, da die öffentlichen Verkehrsmittel in diesem Teil Maines nicht sehr gut ausgebaut sind. Viele der Hostels bieten Shuttles an, unter anderem Shaw's Lodging (☞ oben) (Shuttle ca. $ 100).

Etappe 12:
Monson, ME – Mount Katahdin, ME

➲ 114,5 Meilen/184,3 km
⧖ 1 Woche
⇧ 150-1.606 m
↑ ↓ 6.106 m/4.829 m

Der letzte Abschnitt des Trails bietet noch einmal Natur pur. In der sogenannten 100 Mile Wilderness, wie der Abschnitt auf dem Weg von Monson, ME bis zum

Mount Katahdin genannt wird, gibt es keine Möglichkeit, in Hostels oder festen Übernachtungsmöglichkeiten einzukehren, bis der Fuß von Mount Katahdin erreicht ist. In der 100 Mile Wilderness verläuft das Terrain größtenteils sehr flach, zum Teil muss man Flüsse überqueren, was jedoch in einem guten Wandertempo bewältigt werden kann. Die Etappe endet auf dem Gipfel des Mount Katahdins.

Betritt man nach der ME 15 die 100 Mile Wilderness, sollte man gut darauf vorbereitet sein. Für die in 4 bis 5 Tagesetappen laufbare Strecke über 100 Meilen müssen Sie ausreichend Lebensmittel mit sich führen!

Wem das Tragen der Vorräte zu schwer ist, der kann mit den Hostels in Monson, ME einen sogenannten Fooddrop ausmachen. Hierbei legt man sich auf einen Punkt in der 100 Mile Wilderness fest, an dem man sich mit einem Shuttle des Hostels trifft, das dann die vom Wanderer ausgewählten Lebensmittel liefert. Diese Fooddrops sind nur von lizensierten Fahrzeugen möglich, da es ansonsten verboten ist, mit dem Fahrzeug in die Wilderness zu fahren.

Glücklicherweise ist die Wassersituation in der 100 Mile Wilderness sehr gut, sodass hier ein paar Gramm beim Tragen eingespart werden können. Auf den ersten 15 Meilen verläuft der Trail nur über kaum nennenswerte Hügel, die sehr leicht zu bewältigen sind. Auch passiert man auf dieser Strecke schon zwei der Shelter, die hier Lean-to heißen und im letzten Abschnitt des Trails in meist sehr kurzen Abständen zueinander stehen.

Nach 15 Meilen erreicht man einen der vielen Seen Maines und darf dann den ersten größeren Anstieg in der Wilderness auf den Barren Mountain über gut 600 Höhenmeter angehen. Auf dem Weg hinauf bieten sich einige schöne Aussichtsmöglichkeiten über den bereits zurückgelegten Weg und die umliegenden Wälder.

Nun folgen ein paar Hügel, bei denen jedoch kaum mehr als 100 Höhenmeter im Auf- bzw. Abstieg überwunden werden müssen. Diese Hügel befinden sich alle auf einer Bergkette. Dieser folgen Sie für etwa 10 Meilen. Währenddessen bieten sich immer wieder tolle Ausblicke auf die wilde und natürliche Waldlandschaft Maines.

Hat man den Abstieg von der Bergkette hinter sich gebracht, kann man im Tal seine Wasservorräte aufstocken, denn nun folgt der letzte Anstieg vor Mount Katahdin auf den White Cap Mountain. Der zum Teil steinige Anstieg zieht sich

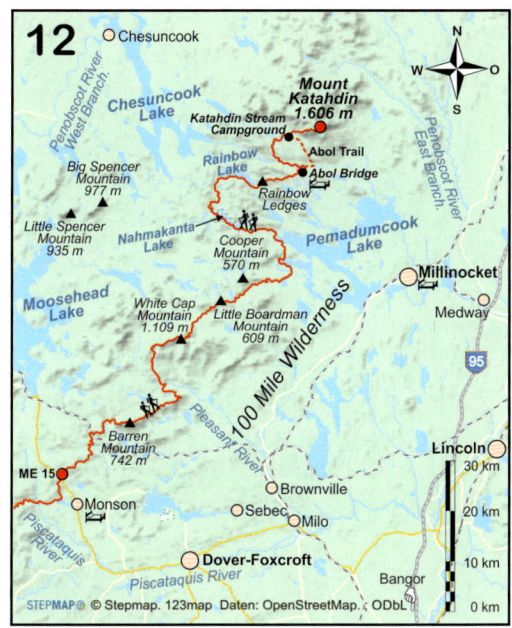

über 12 Meilen und 910 Höhenmeter hinauf auf den Gipfel. Bevor man den Hauptgipfel erreicht hat, überquert der Weg einige kleinere Hügel, die sich auch oberhalb der Baumgrenze befinden und daher sehr schöne Ausblicke bieten. Der am sehnsüchtigsten erwartete Blick bietet sich kurz nach dem Abstieg von der Spitze bei Milemarker 2.117,2. Von hier aus kann man bei guter Wetterlage das erste Mal Mount Katahdin sehen.

Haben Sie den Abstieg vollständig hinter sich gebracht, ist es nur noch ein kurzes Stück über ca. 210 Höhenmeter bergauf bis zum Little Boardman Mountain. Ab hier verläuft der Trail im Rest der 100 Mile Wilderness nur noch sehr eben. Sie passieren viele kleinere Flüsse und Seen, die mit sehr romantisch gelegenen Campingplätzen zum Übernachten einladen. Bei Milemarker 2.152,6 bietet sich erneut ein sehr guter Blick auf den Mount Katahdin und mit 16 Meilen Luftlinie bis zum Gipfel liegt er schon fast zum Greifen nah. Die letzten 20 Meilen der 100 Mile Wilderness sind erneut sehr leicht zu bewältigen. Nur bei Milemarker 2.168,0 wartet ein kurzer Anstieg über 150 Höhenmeter auf den Rainbow Ledges. Ansonsten führen die angenehmen Waldwege wieder an Seen und Flüssen vorbei. Von Rainbow Ledges bietet sich erneut ein spektakulärer Blick auf den Mount Katahdin.

Wenn Sie bei Milemarker 2.174,0 die Abol Bridge überquert haben, erwartet Sie der Abol Bridge Campground. Sowohl der Campingplatz als auch die Brücke bieten ein spektakuläres Panorama am Fuß des Mount Katahdin.

✍ Abol Bridge Campground and Store, 3969 Golden Road, Mile 19, Millinocket, ME 04462, ☎ (+1)20 74 47 58 03, 💻 www.abolcampground.com, ✉ greatnorthernvacations@gmail.com, Mehrbettzimmer $ 30 p. P., aber mind. $ 60 insgesamt, eine Münzwaschmaschine ist vorhanden. Duschen kosten für 6 Minuten 50 Ct. Für Nichtgäste kosten die Duschen nochmals $ 5 extra. Restaurant und Shop, der das Nötigste an Lebensmitteln zu teuren Preisen anbietet, sind vorhanden.

Nun führt der Trail auf 14 Meilen über sehr flaches Gelände und kleinere Birkenwälder, bis Sie bei Milemarker 2.183,9 an den Katahdin Stream Campground gelangen. Hier kann man noch einmal eine Nacht am „The birches Lean-To" verbringen. Dies ist zwar nicht anders aufgebaut als alle anderen Shelter auf dem Trail und kostet für Thru-hiker $ 10, jedoch ist es die allerletzte Möglichkeit, eine Nacht auf dem Trail zu verbringen, bevor es an die Besteigung von Mount Katahdin geht. Der Trail zum Aufstieg ist der Hunt Trail. Es schadet nicht, gut ausgeruht den Anstieg auf den Berg anzugehen, denn die knapp 1.300 Höhenmeter auf den 5,2 Meilen haben es absolut in sich.

Wanderschuhe, die mehrmals auf dem Trail ausgetauscht werden müssen

Ende des Trails auf Mount Katahdin

Zu Beginn des Anstieges passieren Sie die idyllischen Katahdin-Stream-Wasserfälle. Hier ist der Weg noch sehr fußgängerfreundlich ausgebaut und sogar mit Stufen versehen. Je höher man kommt, desto anspruchsvoller wird der Anstieg. Neben Passagen, bei denen man steile Steinhänge übersteigen muss, gibt es auch einzelne Abschnitte, die nur mit den Eisensteigen im Felsen zu bewältigen sind. Haben Sie es jedoch bis zu „The Gateway" hinauf geschafft, liegen die steilsten Abschnitte und meisten Höhenmeter hinter Ihnen. Ab hier beginnt auf den letzten 1,5 Meilen der Triumphmarsch hinauf zum Gipfel des Mount Katahdin. Und bei Milemarker 2.189,1 endet der Appalachian Trail am

Holzschild, das auf der Spitze steht. Hier oben lässt sich dann noch einmal der letzte Ausblick über Maine genießen.

Den Abstieg vom Mount Katahdin kann man erneut auf dem Hunt Trail angehen oder man entscheidet sich für den Abol Trail. Dieser ist 2 Meilen kürzer, dafür in einigen Abschnitten auch steiler als der Hunt Trail und er endet am Abol Campground, von dem man sehr gut die nächstgelegene Stadt Millinocket, ME erreichen kann.

🛏 Appalachian Trail Lodge, 33 Penobscot Ave, Millinocket, ME 04462, ☎ (+1) 20 77 23 43 21, 🖥 www.appalachiantraillodge.com, ✉ atlodgereservations@gmail.com, Mehrbettzimmer $ 25, Doppelzimmer $ 55, eine Münzwaschmaschine, Duschen für Nichtgäste $ 3. Es fährt ein kostenloser Shuttle täglich in den Baxter State Park. Für $ 70 bekommt man einen Shuttle von Medway, ME, eine Übernachtung im Mehrbettzimmer inkl. Frühstück und den Shuttle zum Katahdin Stream Campground.

Aussicht Mount Katahdin

Da die Flughafenlage um den Mount Katahdin, ME sehr schlecht ist, bietet sich auch hier nur der Bangor International Airport in Bangor, ME für die Abreise an. Bangor, ME liegt ca. 100 Meilen entfernt. Allerdings gibt es bessere öffentliche Verkehrsverbindungen von Medway, ME aus, das sich in etwa 30 Meilen Entfernung befindet. Von hier aus kann man mit dem Bus für $ 12 beispielsweise mit der Cyr Bus Lines zum Flughafen gelangen (☎ (+1) 80 02 44 23 35, 💻 www.cyrbustours.com). Für beide Optionen empfiehlt es sich, einen der Shuttledienste zu nutzen. Einen Shuttledienst für beide Routen bietet die ☞ Appalachian Trail Lodge.

Index

*Zeltplatz kurz vor den Grayson Highlands Bald, NC
(Milemarker 498,6)*

Eine der mehreren Staatsgrenzen von North Carolina nach Tennessee (Milemarker 300-320)